W0370048

Dein Frühstück

mit Ayurveda & Superfoods

Verena Bernhard & Matthias Schodits

inkl.
vegane Blogger-Rezepte

2. Auflage 2016

© 2016 Verena Bernhard, Matthias Schodits

Herausgeber: Verena Bernhard, Matthias Schodits

Autoren: Verena Bernhard, Matthias Schodits
Co-Autoren: siehe Autorenverzeichnis S.146

Redaktionelle Leitung & Lektorat:
Margarita Kirchner
Textagentur: www.urbanfreemind.com

Redaktion:
Verena Bernhard, Matthias Schodits,
Margarita Kirchner, Ursula Melchhammer

Layout: Magdalena Weyrer

Verlag: myMorawa von Morawa Lesezirkel GmbH
ISBN 978-3-99057-288-7 (Paperback)
ISBN 978-3-99057-289-4 (Hardcover)
ISBN 978-3-99057-290-0 (e-Book)
Printed in Austria

Das Werk, einschließlich seiner Teile, ist urheberrechtlich geschützt. Jede Verwertung, auszugsweise oder im Ganzen, ist nur mit schriftlicher Zustimmung des Verlages und der Autoren zulässig. Dies gilt insbesondere für die elektronische oder sonstige Vervielfältigung, Übersetzung, Verbreitung und öffentliche Zugänglichmachung.

Die Informationen und Ratschläge in diesem Buch sind sorgfältig recherchiert und geprüft worden. Dennoch erfolgen alle Angaben ohne Gewähr. Weder die Herausgeber, noch die Autoren und Co-Autoren oder der Verlag können für eventuelle Nachteile oder Schäden, die aus den hier erteilten praktischen Hinweisen resultieren, eine Haftung übernehmen. Die vorgestellten Hilfestellungen sollen den Besuch beim entsprechenden Facharzt nicht ersetzen, sondern ergänzen. Etwaige gesundheitsbezogene Angaben in den Rezeptbeschreibungen stellen keine pauschale Heilempfehlung, sondern die persönliche Erfahrung der Rezept-Autoren dar.

Inhalt

Guten Morgen!

Bei uns im Westen sagt man, das Frühstück ist die wichtigste Mahlzeit am Tag. Auch im Ayurveda – der Wissenschaft vom langen und gesunden Leben – hat das Frühstück eine große Bedeutung. Mit dem Frühstück legst du den Grundstein für deinen Tag. Es entscheidet darüber, ob dein Tag voller Energie und Tatendrang oder von Trägheit und Müdigkeit gezeichnet ist. Dein Frühstück ist wichtig, aber das bedeutet nicht immer, dass du schon morgens unbedingt etwas essen musst. Manchmal ist es sogar sinnvoller, das Frühstück auszulassen.

Ayurveda gibt uns ein großes Versprechen: Es ist der natürliche Zustand des Menschen vollkommen gesund und glücklich zu sein sowie das höchste Bewusstsein zu besitzen – und das auch schon am frühen Morgen. Deshalb wollen wir dir im ersten Teil dieses Buches zeigen, was laut Ayurveda morgens in deinem Körper geschieht, und wie du erkennen kannst, welche Art von Frühstück am besten für dich geeignet ist. Wir nehmen typische westliche Frühstücksgewohnheiten in den Blick, erklären dir, was deine Verdauung mit einem Lagerfeuer zu tun hat und wie du deinen Körper reinigen und stärken kannst.

Im zweiten Teil des Buches befassen wir uns mit Superfoods. Wir lieben Superfoods und verwenden sie schon seit Jahren, weil sie es uns so einfach machen, rasch eine vitalstoffreiche Mahlzeit zuzubereiten. Wir geben dir einen Überblick über die Wirkung der wichtigsten Superfoods, was beim Kauf zu beachten ist und befassen uns mit dem uralten Wissen ayurvedischer Superfood-Mischungen. Am Ende möchten wir dir noch ein paar praktische Tipps für einen feinen Start in den Tag mitgeben.

Superfoods sind so vielseitig anwendbar. Deshalb haben wir das Buch auch nicht alleine geschrieben. Wir wollten wissen, was sich mit Superfoods alles anstellen lässt und haben gemeinsam mit 32 leidenschaftlichen Bloggern insgesamt 63 leckere Superfood-Frühstücksrezepte für dich zusammengestellt. Von ayurvedischen Smoothies, Frühstücksideen für unterwegs, wärmenden Winter- und grünen Frühjahrs-Bowls bis hin zu sommerlichen Brunch-Rezepten bleiben keine Frühstückswünsche offen. Denn so unterschiedlich die Geschmäcker, so vielfältig sind auch die Kreationen, die sich mit Superfoods zum Frühstück zaubern lassen. Entstanden ist ein Frühstücksbuch, das dich nicht nur zum Nachmachen und Ausprobieren einlädt: Wir wollen dich inspirieren, deinen Morgen in einem neuen Licht zu sehen. Komm mit und tauch ein in unsere Frühstückswelt.

Verena & Matthias

Was deine Verdauung mit einem Lagerfeuer zu tun hat

Die ayurvedische Ernährungslehre ist komplex. Viele Bücher wurden darüber schon geschrieben, die oft nur schwer verständlich und noch schwerer anzuwenden sind. Ohne einen Ayurveda-Therapeuten an der Seite ist die Wahrscheinlichkeit groß, dass du dich in den vielen Fachbegriffen verlierst. Deshalb wollen wir hier versuchen, das Grundprinzip mit einfachen Worten zu veranschaulichen. Dafür ist es wichtig zu verstehen, was bei der Verdauung im Körper geschieht.
Im Ayurveda wird die Verdauung mit einem Feuer verglichen, auch Agni genannt. Die Verdauung funktioniert, wenn das Feuer gut brennt. Stell dir ein Lagerfeuer vor. Wenn du ein schönes trockenes Holzstück (gesunde Nahrung) in ein gut brennendes Feuer wirfst, werden die Flammen stärker. Energie wird freigesetzt und Wärme erzeugt (gut verdaut). Es bleiben kaum Rückstände bei der Verbrennung übrig.
Was aber passiert, wenn das Feuer nicht stark genug ist? Das gleiche Stück Holz (gesunde Nahrung) bringt das Feuer zum Qualmen (Winde) oder es erlischt komplett (Stein im Magen). Die Verbrennung erfolgt nicht vollständig, und es bilden sich Rückstände.
Diese Rückstände werden im Ayurveda Ama genannt. Ama ist gleichbedeutend mit Ablagerungen, Krankheit, Giften und Schlackenstoffen. Ein zäher übelriechender Schleim, der sich im Körper ansammelt. Sobald sich diese Schlacken im Körper befinden, setzt sich ein negativer Kreislauf in Gang. Die Schlacken bedecken die gesunden Zellen und verhindern, dass sie mit Nährstoffen und Sauerstoff versorgt werden. Das schwächt die Zellen oder tötet sie sogar ab. Kurzfristig entstehen verschiedenste kleinere Beschwerden. Auf lange Sicht entstehen laut Ayurveda so mehr als 90 % aller Krankheiten.
Deshalb ist eine gut funktionierende Verdauung der Schlüssel für Gesundheit und Lebenskraft. Und genau hier setzt Ayurveda an: Vorhandene Schlacken wieder abzubauen (leider sind sie hartnäckig und es bedarf eines gewissen Aufwands) und das Verdauungsfeuer zum Brennen zu bringen. Wie das geht und welche drei Fragen du dir dafür stellen solltest, liest du auf den folgenden Seiten.

Everyday-Detox: Giftstoffe einfach wegspülen

Heißes Wasser ist ein wirkungsvolles Mittel zum Abbau von überschüssigen Schlacken. Wenn du morgens nach dem Aufstehen 1-2 Tassen heißes Wasser trinkst, spülst du Ablagerungen einfach aus deinem Körper heraus. Giftstoffe werden aus den einzelnen Gewebeschichten abtransportiert, dein Verdauungsapparat gereinigt und dein Körper auf neue Nahrung vorbereitet. Eine schwache Verdauung kannst du zusätzlich mit einer Prise Ingwer ankurbeln.

Stärke dein Verdauungsfeuer und gewinne neue Energie

- Trinke morgens nach dem Aufwachen und vor jeder Mahlzeit 1 Tasse warmes oder heißes Wasser.
- Ein grüner Smoothie pro Tag unterstützt deinen Körper beim „Loslassen".
- Vor jedem Essen gilt: Finde heraus, ob du wirklich Hunger hast.
- Such dir ein ruhiges Plätzchen zum Essen: Lesen, fernsehen und angestrengte Diskussionen während dem Essen erzeugen Stress.
- Verzichte abends auf schwere und reichhaltige Mahlzeiten.

Was du sonst noch tun kannst

- Trockenbürsten und Ölmassagen vor dem Duschen sowie regelmäßige Dampfbäder helfen deinem Körper beim Entgiften.
- Hin und wieder ein Fasten-, Smoothie- oder Safttag beseitigt unnötigen Ballast.
- In Bewegung bleiben: Sport, Yoga, kleine Spaziergänge und Workouts sollten täglich auf deinem Programm stehen.
- Rasayanas – ayurvedische Superfood-Mischungen – unterstützen dich auf deinem Weg zu mehr Wohlbefinden und Kraft.

Fein zu wissen:

Zunge reinigen

Über Nacht sammeln sich Viren und Bakterien als Belag auf deiner Zunge. Dieser ist jedoch ganz leicht zu entfernen. Reinige deine Zunge vor dem Frühstück mit einem Löffel oder Zungenschaber. So vermeidest du, dass diese Giftstoffe wieder in deinen Verdauungstrakt gelangen.

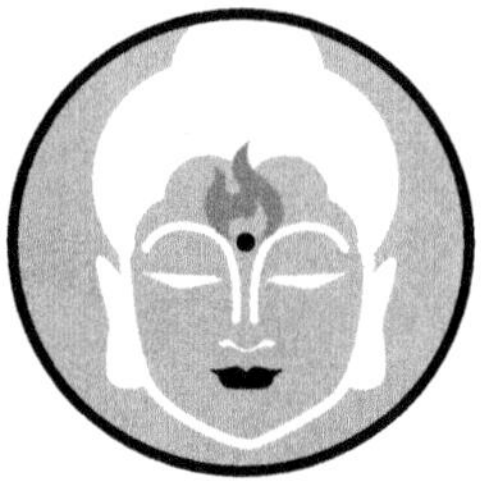

Was, Wie und Wann: Drei Fragen, die du dir stellen solltest

Die Qualität deines Verdauungsfeuers wird von drei Fragen maßgeblich beeinflusst:

1 WAS esse ich?

Welche Nahrungsmittel dir gut tun und welche nicht, ist sehr individuell und unterschiedlich. Im Ayurveda geht es darum, genau das herauszufinden. Wenn du nicht gerade ein kanadischer Holzfäller bist, der morgens ein deftiges Frühstück für seine harte Arbeit braucht, achte darauf, nicht zu schwer zu essen. Ein bisschen kompliziert wird es mit dem genauen Gegenteil, also mit der derzeit beliebten Rohkost: Rohes Gemüse zum Frühstück wirkt sich auf deine Verdauung wie ein Stück feuchtes Holz aus, das du in ein gut brennendes Lagerfeuer wirfst. Ist das Feuer stark, kann es ab und an etwas feuchtes Holz vertragen. Auf lange Sicht jedoch wird das Feuer immer schwächer oder erlischt komplett. Beliebt ist diese Ernährungsform deshalb, weil in rohem, unverarbeitetem Obst und Gemüse die meisten Nähr- und Vitalstoffe stecken, welche durch Erhitzung verloren gehen. Doch muss die Verdauung auch in der Lage sein, diese rohen Nährstoffe aufzuspalten und zu verwerten. Das beste Essen hilft nichts, wenn dein Körper es nicht verdauen kann. Im Ayurveda wird dagegen die Auffassung verfolgt, dass schonendes Erwärmen eine Form der Vor-Verdauung für unseren Magen ist. Dadurch wird Obst und Gemüse bekömmlicher und kann leichter aufgenommen werden.

Sicherlich unbestritten ist, dass industriell verarbeitete Fertiggerichte, Dosenfutter und Mikrowellennahrung die denkbar ungünstigste Ernährungsform darstellen. Achte deshalb darauf, wenn möglich, immer biologisch erzeugte Lebensmittel einzukaufen und sie selbst – also „clean" – zuzubereiten. Klar geht das nicht immer, aber es kommt auf die Regelmäßigkeit an. Regelmäßig ungesund macht krank, hin und wieder ist kein Problem.

2 WIE esse ich?

Leider essen wir immer häufiger unbewusst und nebenbei. Es gibt so viele Ablenkungen: Nachrichten lesen, fernsehen, Facebook checken, SMS schreiben... jede Ablenkung zieht Energie von deinem Verdauungsfeuer ab. Nimm dir Zeit für dein Essen, es ist deine Energieversorgung und die sollte Priorität haben. Dein Körper wird es dir danken.

Auch unsere Gefühle haben einen großen Einfluss darauf, wie wir essen. Schon mal Liebeskummer gehabt oder vor einer schwierigen Herausforderung gestanden? Menschen reagieren in solchen Momenten sehr unterschiedlich. Entweder hat man gar keinen Hunger oder man ist von Heißhungerattacken geplagt. Das Verdauungsfeuer brennt auf Sparflamme. Frustessen lenkt dich zwar kurzfristig ab, aber es kann nicht richtig verdaut werden und das erzeugt neuen Frust. Jetzt geht es darum, die Gefühle zu verdauen und wieder in die eigene Mitte zu finden. Erst wenn man mit sich wieder im Reinen ist und das Lächeln zurückkehrt, kann man sich mit einem leckeren Essen stärken.

③ WANN esse ich?

Das ist die einfachste und zugleich schwierigste Frage. Laut Ayurveda sollte man nur essen, wenn das Verdauungsfeuer richtig gut brennt. Aber wann ist das? Morgens, mittags, abends? Ganz einfach: Der Hunger verrät dir, wann dein Verdauungsfeuer für neue Nahrung brennt. Also: Hast du Hunger? Dann iss! Wenn nicht, dann nicht ☺ Die Schwierigkeit daran ist leider, dass wir oft gar nicht die Möglichkeit haben, auf unseren Hunger zu achten. Schon als Kind muss man zu bestimmten Zeiten essen. Später gibt der Alltag den Rhythmus vor. Und wer liebt nicht den kleinen Snack zwischendurch, obwohl man gar nicht hungrig ist? Wie du herausfindest, ob dein Körper bereit für neue Nahrung ist, siehst du hier:

Fein zu wissen:

Finde heraus, ob du Hunger hast

Wenn du nicht sicher bist, ob dein Magen vollkommen leer ist und dein Körper neue Nahrung braucht, trink ein Glas heißes Wasser in kleinen Schlucken. Wenn du aufstoßen musst oder den Geschmack des letzten Essens erkennst, hast du noch nicht alles verdaut. Schmeckst du nichts, ist dein Körper bereit. Das heiße Wasser regt außerdem deinen Magen an und signalisiert, dass es bald wieder was zu beißen gibt.

Wie geht es dir so jeden Morgen?

Man gewöhnt sich leider viel zu schnell an belastende Umstände und unliebsame Gewohnheiten, die man als gegeben hinnimmt. Deshalb lohnt es sich, einmal genauer hinzuschauen, wie unser täglicher Idealzustand am Morgen sein sollte.

Auf einen Blick: So erkennst du, dass es dir gut geht

Wenn alles in deinem Körper im Lot ist, wachst du morgens ganz leicht und gut gelaunt auf – dein Tag kann heiter und beschwingt beginnen. Deine Verdauung kommt von alleine in Schwung und benötigt keinen Extrakick mit dem beliebten Morgenkaffee. Gleichzeitig regt sich erster Hunger und Vorfreude auf ein leckeres Frühstück.
Wie wachst DU morgens auf? Fällt dir das Aufstehen schwer oder hast du ein Lächeln auf den

Lippen? Nimm dir einen Moment Zeit und überlege, wie es dir am Morgen geht. Fühlst du dich gut? Dann mach weiter so! Falls nicht, haben wir hier einige Fragen und Antworten für dich zusammengestellt.

Kommst du morgens schwer aus den Federn, ist deine Laune im Keller und du hast keinen Hunger?

Ein guter Tag beginnt mit einem ruhigen und entspannten Abend: Achte darauf, abends nicht zu spät und schwer zu essen. Unverdaute Nahrung im Magen belastet am Morgen deinen gesamten Organismus.
Wenn du dich träge und müde fühlst, ist Bewegung alles was du brauchst. Das kostet zwar große Überwindung, aber es lohnt sich. Ein kurzer Spaziergang, ein kleines Workout oder Yoga holen dich aus dem morgendlichen Tief und bringen Schwung in deinen Tag.

Wenn du anschließend hungrig bist, ist ein leichtes Frühstück angesagt. Ideal sind grüne Smoothies, weil sie dich mit ausreichend Vitalstoffen versorgen und dir gleichzeitig helfen, deinen Körper vom Ballast des Vortages zu befreien. Auf Bananen solltest du verzichten. Bevorzuge stattdessen grüne Superfood-Pulver und entschlackende Früchte wie Ananas, Papayas, Grapefruits, Zitronensaft und Ingwer.

Fein zu wissen:

Warum Bananen nicht immer gut für dich sind

Bananen haben eine kühlende Wirkung und verringern damit dein Verdauungsfeuer. Der beliebte Snack passt zwar gut zu Smoothies und Frühstücks-Bowls, wirkt aber auch verstopfend. Im Winter, bei Erkältungen und einer schwachen Verdauung solltest du auf ein wärmendes Frühstück achten wie ein fein gewürzter Porridge.

Fühlst du dich morgens müde und schwer, obwohl du am Vorabend nichts gegessen hast?

Manchmal sind nicht nur spätes und schweres Essen am Vorabend schuld für ein Unwohlsein am Morgen. Auch Ängste, Sorgen und ein stressiger Lebensstil zehren an deinen Kräften und verursachen Giftstoffe im Körper.
Achte auf einen ruhigen Abend: Reduziere zwei Stunden vor dem Schlafengehen alle äußeren Reize. Dazu zählen Fernsehen, laute Musik, Social Media und der letzte E-Mail-Check genauso wie aufwühlende Gespräche. Stimme dich in Ruhe auf einen guten Abend und erholsamen Schlaf ein.

Versuche auch deinen Rhythmus am Morgen zu verändern: Nimm dir Zeit für ein kleines warmes Frühstück mit einer Tasse Chai. Das beruhigt die Nerven und wirkt erdend. Für die Extraportion Energie am Vormittag ist ein feiner Protein-Smoothie ideal.
Tägliche leichte Körperübungen – wie Yoga oder Treppensteigen, anstatt den Lift zu benützen – verbessern deine Verdauung, lösen Trägheit auf und schaffen Heiterkeit.

Du frühstückst täglich „auf Vorrat", obwohl du keinen Hunger hast?

Hunger ist ein Zeichen dafür, dass dein Körper bereit für neue Nahrung ist. Umgekehrt bedeutet das, wenn du keinen Hunger hast, solltest du auch nichts essen. Wer ohne Hunger frühstückt, raubt sich damit Energie und Vitalität. Denk an das Lagerfeuer: Legst du in ein gerade herunterbrennendes Feuer neues Holz nach, stürzen sich die Flammen zunächst auf das frische Holz, die angebrannten Stücke verkohlen. Genauso geschieht es auch in deinem Körper: Dein Magen versucht immer zuerst die neue Nahrung zu verdauen. Nahrungsreste werden quasi für später beiseitegeschoben und landen als Fettdepots in deinem Gewebe. Cellulite und Übergewicht entstehen.
Manchmal sind eine Tasse Tee oder heißes Wasser am Morgen vollkommen ausreichend. Für den Notfall-Hunger am Vormittag kannst du ein Frühstück für unterwegs einpacken oder einen grünen Smoothie trinken.
Achte auf eine ruhige Mittagspause: Wenn du aufhörst zu frühstücken, plane genügend Zeit für ein entspanntes Mittagessen ein, damit dein Körper – wenn du richtig Hunger hast – die Nahrung in Ruhe aufnehmen kann.

Wachst du morgens schon mit Heißhunger auf und kannst das Frühstück kaum erwarten?

Achte darauf, nahrhafte Speisen mit einer hohen Nährstoffdichte zu frühstücken. Leere Kohlenhydrate (wie weißes Mehl und raffinierter Zucker) machen zwar satt, verstärken aber Heißhungerattacken. Stell dir vor, du legst einen Pappkarton in ein Lagerfeuer. Der brennt zwar lichterloh, ist aber sofort verschwunden. Genauso verhält es sich mit Zucker und Weißmehl: Du wirst schnell satt und brauchst sofort Nachschub.
Weniger ist mehr: Leichte, vitalstoffreiche Mahlzeiten liefern mehr Kraft für den Tag.

Wenn du dich von einer oder mehreren dieser Fragen angesprochen fühlst, findest du im hinteren Buchteil einen Frühstücksplan mit praktischen Tipps und Rezepten.

Die Kräfte des Ayurveda am Morgen

Die Zeit **vor 6 Uhr morgens** ist geprägt von den Elementen Luft und Raum, sie bringen Bewegung und Klarheit in Körper und Geist. Wer also vor 6 Uhr morgens aufsteht, nimmt diese Qualitäten – Vitalität und einen klaren Kopf – mit in den neuen Tag.

Die Zeit **nach 6 Uhr bis 10 Uhr morgens** wird von den Elementen Wasser und Erde beherrscht, die uns ein Gefühl von Schwere mit in den Tag geben.
Kennst du das Gefühl, wenn du kurz aufwachst, dich fit für den neuen Tag fühlst und trotzdem

noch eine Runde weiterschläfst? Danach fühlt man sich oft schwerer als zuvor.
Probier es einmal aus: Eine halbe Stunde vor 6 Uhr morgens aufzustehen ist einfacher, als eine halbe Stunde danach.

Dein Dickdarm ist ein Frühaufsteher
Zwischen 5 und 7 Uhr morgens ist dein Dickdarm aktiv. Das bedeutet, in dieser Zeit fällt es deinem Körper am leichtesten, sich von den Resten des Vortages zu befreien.

Frühstücken leicht gemacht, das ganze Jahr

Die Wahl der richtigen Lebensmittel für ein optimales Frühstück hat viel mit äußeren Einflüssen zu tun. Dazu zählen in unseren Breitengraden auch die unterschiedlichen Jahreszeiten und Witterungsbedingungen. Auch hier hilft uns das Bild des Lagerfeuers, um die Jahreszeiten aus ayurvedischer Sicht zu beschreiben.

Im Winter – wenn es draußen windig und kalt ist – benötigst du besonders viel trockenes Holz, damit das Lagerfeuer genügend Wärme spendet. Achte beim Frühstück auf nahrhafte Speisen, die gleichzeitig dein Verdauungsfeuer stärken. Im Winter frühstückst du am besten wärmende Chocolate Oatmeals oder ayurvedische Smoothies für kalte Tage.

Im Frühjahr – wenn die Natur zu sprießen beginnt – ist es an der Zeit, die Feuerstelle von den Ablagerungen des Winters zu reinigen. Zum Frühstück empfehlen sich jetzt grüne Smoothies mit scharfen und bitteren Blättern oder Wildkräutern wie z.B. Moringablatt, Brennnessel, Rucola oder Gerstengras. Diese Superfoods und Kräuter wirken ausleitend und aktivierend. In unseren Rezepten findest du grüne Smoothies und Bowls genauso wie Pestos und Aufstriche mit frischen Kräutern.

Im Sommer – wenn es heiß und trocken ist – muss das Feuer nicht so stark geschürt werden. Genieße kühlende und leicht verdauliche Frühstücksrezepte und viel frisches, sonnengereiftes Obst und Gemüse. In diese Jahreszeit passen kühlende Chiapuddings mit Kokosmilch und Berry-Bowls.

Im Herbst – wenn sich Wind, Regen und Sonne abwechseln – solltest du langsam wieder auf ein wohltemperiertes, gut brennendes Verdauungsfeuer achten. Versuche dein Frühstück im Herbst an das Wetter anzupassen. Je nachdem, ob es draußen noch sommerlich oder schon winterlich ist, kannst du dir dein individuelles Frühstück zusammenstellen. Ein Maca-Süßkartoffelmus sowie leckere Pancakes mit gedünsteten Äpfeln oder Birnen und einer Prise Zimt helfen über den Verlust des Sommers hinweg und schlagen dem Winterblues ein Schnippchen.

Frühstücksklassiker und ihre Wirkung

Das Frühstück ist der Moment am Morgen, in dem du noch in Ruhe deinen persönlichen Fokus für den Tag ausrichten kannst. Gehe sorgsam mit deinen Kräften um: Dein Frühstück sollte dir Energie liefern, anstatt sie zu verbrauchen. Deshalb ist es wichtig, auf die richtige Zusammenstellung zu achten. Einige der beliebtesten Frühstückskombinationen kosten deinen Körper nämlich mehr Energie als sie ihm liefern. Deshalb gehen wir jetzt ans Eingemachte und beleuchten die gängigsten Frühstücksklassiker aus dem ayurvedischen Blickwinkel heraus.

Semmerl, Kipferl & Co.

Weißes Weizenmehl und raffinierter Zucker liefern dir zwar schnelle Energie, dein Körper braucht aber bald neuen Stoff. Diese stark verarbeiteten Lebensmittel liefern dir zu wenige Nährstoffe und der Hunger bleibt. Versuch es einmal mit Brötchen und Gebäck aus Dinkel- oder Roggenmehl und Marmeladen mit natürlicher Süße wie unserem ayurvedischen Chavanprash-Rezept. Nach Ayurveda regt der süße Geschmack deine Verdauung an, wirkt erdend, beruhigend und nährend. Aber: Wenn es draußen kalt, nass und regnerisch ist, benötigt dein Körper eindeutig mehr Energie, als dir ein Marmeladebrot liefern kann. Außerdem solltest du darauf verzichten, wenn du dich krank und energielos fühlst, an Schnupfen oder Husten leidest.

Müsli mit Joghurt und frischen Früchten

Dieses Frühstück wird oft Vital-Frühstück genannt und gilt als besonders gesund. Deshalb ist es wichtig, Müslis einmal genauer unter die Lupe zu nehmen: Denn ein leckeres Müsli schmeckt gut und ist sättigend, keine Frage. Aus ayurvedischer Sicht ist diese Kombination jedoch denkbar ungünstig zusammengestellt. Die kühlende Eigenschaft von Joghurt und kalten rohen Früchten löscht dein Verdauungsfeuer. Das Getreide im Müsli hat keine Chance, verdaut zu werden und bleibt im Magen liegen. Das ist der Grund, warum man keinen Hunger mehr hat. Die Folgen eines gelöschten Verdauungsfeuers sind ein geschwächtes Immunsystem, Blähungen und fehlende Energie. Das Hüftgold wächst und die unerwünschte Cellulite wird verstärkt (wollten wir nicht eigentlich das Gegenteil?). Generell gilt: Tierische Milch (-produkte) nie mit frischen Früchten mischen. Die verschleimende Eigenschaft von Milch kann außerdem ein Nährboden für Pilze und Viren sein.

Fein zu wissen: Müslis werden bekömmlicher, wenn man sie über Nacht einweicht oder kurz erwärmt. Wer zu Blähungen und Verstopfung neigt, sollte auf süße Superfood-Alternativen wie Chiapuddings oder Green Detox Smoothies umsteigen. Verwende vegane Pflanzenmilch, die ist besser verträglich. Kalzium, das in tierischen Milchprodukten steckt, kannst du dir auch aus vielen verschiedenen Superfoods wie Kale, Hanf oder Rohkakao holen.

Frisches Obst mit Starallüren

Frisches und reifes Obst sollte zwar jeden Tag auf deinem Speiseplan stehen, aber nur solange die Sonne am Himmel steht (das gilt natürlich auch an Regentagen). Denn in der ayurvedischen Ernährungslehre ist rohes Obst nur tagsüber gut verwertbar. Außerdem hat frisches Obst, vielleicht gerade weil es so gut schmeckt, auch ein paar Starallüren: Die kleinen Früchtchen bleiben lieber unter sich. Bedeutet, dass sich rohes Obst nur mit anderen Pflanzenstoffen verträgt, am liebsten aber ganz alleine auftritt.

Fein zu wissen: Frisches Obst und Rohkost benötigen etwa eine halbe bis eine Stunde, bis sie vollständig verdaut und weitertransportiert werden können. Um Gärung im Verdauungstrakt und damit Blähungen zu vermeiden, sollten frische Früchte immer alleine gegessen werden. Außerdem ist es bei allen Obst- und Gemüsesorten wichtig, auf gut gereifte, saisonale Produkte in Bioqualität zu achten. Importierte, meist noch unreife Früchte werden bekömmlicher, wenn man sie schonend erwärmt oder auf einer sonnigen Fensterbank nachreifen lässt.

Gemüse zum Frühstück

Gemüse sollte besonders zum Frühstück leicht gedünstet und warm gegessen werden. Rohkost verursacht bei vielen Menschen Blähungen. Wer allerdings zu den Glückspilzen zählt, der keinen Blähbauch von Rohkost bekommt, immer her damit – Gemüse kannst du gar nicht genug essen.

Trockenfrüchte

Eine Ausnahme in der ayurvedischen Ernährungslehre bilden Bananen und Trockenfrüchte, die mit tierischer Milch gemischt werden können. Getrocknetes Obst wie Datteln, Pflaumen, Feigen und Rosinen passt – kurz eingeweicht – trotz seiner Süße und Schwere gut zu verschiedenen Frühstücksrezepten mit Milch. Generell besitzen homogenisierte Milchprodukte jedoch nur einen geringen Nährwert und erzeugen in deinem Körper Kälte und Schleim.

Orangensaft und Kaffee

Die Kombination aus Kaffee und Orangensaft liefert nicht – wie gedacht – die zusätzliche Portion Vitamin C, sondern kann gerade auf lange Sicht ernsthafte Beschwerden wie chronische Magenschmerzen und Sodbrennen verursachen. Warum? Sowohl Kaffee als auch Orangensaft sind sauer. Tritt dieses Pärchen zu häufig gemeinsam auf, führt das zur Übersäuerung des Magens.

Wenn Magenschmerzen nicht zu deinen Zukunftsvisionen gehören, ist vorbeugen ganz einfach: Entweder Kaffee oder Orangensaft durch basische Drinks wie grüne Smoothies oder Weizengras Shots ersetzen und alles ist wieder im Lot.

Frozen Smoothies & Co.

Gerade wenn es draußen wärmer wird, sehnen wir uns nach eisiger Kälte in unseren Getränken. Frozen Smoothies & Co. sind zu einem beliebten Sommerfrühstück geworden, doch löschen sie auch das Verdauungsfeuer. Smoothies und Säfte sollten daher ohne Eiswürfel und nicht zu kalt getrunken werden.

Ein Toast auf's Brot

Die Nahrung, die du zu dir nimmst, ist eine Botschaft an deinen Körper. Deshalb solltest du auf klare Informationen achten: Besser ist eine Getreidesorte statt Mehrkornbrot zu verwenden. Getreide zu verdauen ist anspruchsvoll. Du erleichterst deinem Bauch die Arbeit, wenn er nur eine Sorte aufschlüsseln muss. Je mehr Vielfalt an Körnern, desto höher der Aufwand für die Verdauung und desto größer die Gefahr, dass manche Sorten zu lange im Magen liegen bleiben und als kleine Fettpölsterchen enden. Aber: Brot ist ein wichtiger Bestandteil einer ausgewogenen Ernährung. Leichter verdaulich und bekömmlicher wird es, wenn du es kurz toastest.

Kaffee?

Ob in der Früh, während dem Meeting im Büro, beim Kaffeetratsch mit der besten Freundin oder zum sonntäglichen Familientreffen – der Klassiker unter den Energydrinks gehört einfach dazu. Im Übermaß genossen, verursacht Kaffee jedoch Übersäuerung, Nervosität und Reizung der Magenschleimhaut. Für eine gute Tasse Tee ist dagegen immer die beste Zeit. Vielleicht probierst du einmal einen ayurvedischen Gewürztee.

Ayurvedischer Gewürztee

Du brauchst: frischen Ingwer, schwarzen Pfeffer, Zimt, Anis, Sternanis, Koriandersamen, Fenchelsamen und Kardamom. **So geht's:** Ingwer in 1/2 Liter Wasser aufkochen, Gewürze zugeben, 2 Minuten ziehen lassen und abseihen. Getreidemilch und Süße nach Belieben.

Frühstück mit Ausstrahlung

Das Auge isst bekanntlich mit, sagt man. Aber hinter dieser Aussage steckt weit mehr, als nur die Idee eines schön angerichteten Frühstückstellers. Je unwiderstehlicher Obst, Gemüse, Kräuter und Superfoods auf dich wirken, umso größer ist ihre positive Wirkung. Lass dich von deinem Gusto und deiner Neugier inspirieren – lacht dich ein Lebensmittel im Geschäft oder auf dem Markt besonders an, nimm es mit. Damit holst du dir die Extraportion Lebenskraft – im Sanskrit Prana genannt – mit nach Hause. Als Faustregel gilt: Hat ein bestimmtes Essen (das gilt für alle naturbelassenen Lebensmittel) eine besondere Ausstrahlung auf dich, wird es dich auch von innen heraus zum Strahlen bringen.

Superfoods: Einfach und natürlich Energie tanken

Superfoods sind nichts Neues – es handelt sich um Pflanzen mit „Superkräften". Diese werden von den Naturvölkern in aller Welt seit jeher verwendet, bei uns haben sie einfach nur einen modernen Namen bekommen. Um aber in die Liste der Superfoods aufgenommen zu werden, muss man ein wenig mehr können als andere Pflanzen. Ein einzelnes Vitamin, das besonders ausgiebig vorhanden ist, macht noch lange kein Superfood aus.
Mit wissenschaftlichen Methoden konnte festgestellt werden, dass bestimmte Pflanzen eine auffällig hohe Nährstoffdichte besitzen. Das heißt, neben Vitaminen und Mineralstoffen müssen Superfoods auch noch reich an anderen wichtigen Inhaltsstoffen sein, die in unseren modernen Essgewohnheiten oft zu kurz kommen. Dabei geht es vor allem um pflanzliches Eiweiß, ungesättigte Fettsäuren, Enzyme, Ballaststoffe sowie sekundäre Pflanzenstoffe und natürliche Antioxidantien.

Welche Arten von Superfoods gibt es?

Superfoods kann man ganz bequem in verschiedene Kategorien einteilen. Die Natur hat sich ein System überlegt, das dir auf einen Blick verrät, welche Eigenschaften die unterschiedlichen Pflanzenteile haben. Das gibt dir eine praktische Orientierung an die Hand, welches Superfood am besten für dich geeignet ist.

Gräser & Blätter

Die grünen Superfoods haben eines gemeinsam – sie sind grün! Die grüne Farbe kommt vom Chlorophyll, das für Pflanzen lebensnotwendig ist. Für den Menschen ist es zwar nicht lebensnotwendig, aber sehr empfehlenswert. Was die wenigsten wissen, Chlorophyll ist den menschlichen roten Blutkörperchen extrem ähnlich. Nur ein einzelnes Magnesium-Teilchen im Zentrum eines Chlorophyll-Moleküls unterscheidet sich vom Aufbau eines roten Blutkörperchens.
Was bewirkt Chlorophyll nun im menschlichen Körper? Grüne Superfoods haben eine doppelte Wirkung: Sie sind reinigend und nährend zugleich. Chlorophyll unterstützt die Bildung neuer

Blutkörperchen und hilft, Giftstoffe abzubauen. Gleichzeitig enthalten alle grünen Superfoods eine große Menge an Ballaststoffen, die verdauungsfördernd und reinigend auf den Darm wirken. Darüber hinaus haben sie aber noch ganz spezielle Superkräfte: Mit ca. 20-25 % Protein – aus rein pflanzlichem Ursprung – enthalten die grünen Gräser und Blätter genauso viel Eiweiß wie Fleisch sowie ein breites Spektrum an Vitaminen, Mineral- und sekundären Pflanzenstoffen. Diese proteinreiche Kost liefert auch den sanften Riesen wie Elefanten und Gorillas die nötige Kraft. Wer also genügend pflanzenbasierte Proteine zu sich nimmt, braucht sich (auch bei einer rein veganen oder vegetarischen Ernährungsweise) vor nichts zu fürchten.

Grundsätzlich sollten grüne Superfoods ein fixer Bestandteil einer ausgewogenen Ernährung sein, doch eignen sie sich besonders zum Abnehmen, Entgiften und Fasten. Wenn du beispielsweise an einem „Zuviel" leidest, wird der reinigende Aspekt in den Vordergrund treten und das Loslassen fällt leichter. Wenn du dich schwach und energielos fühlst, wirken grüne Superfoods aufbauend, ausgleichend und bringen dich wieder ins Gleichgewicht.

Zu den wichtigsten grünen Superfoods zählen u.a. Gerstengras, Weizengras, Moringablatt, Kale (Grünkohl) sowie zahlreiche grüne Wildkräuter allen voran die Brennnessel.

„A green smoothie a day, keeps the doctor really away!"

Fein zu wissen:

Wie kommt man an Chlorophyll?

Grüne Gräser und Blätter sind für den menschlichen Organismus schwer verdaulich. Die robuste Zellstruktur kann nur mittels mechanischer Unterstützung vollständig aufgebrochen werden. Wenn du für deine grünen Smoothies frische Blätter und Kräuter verwenden möchtest, benötigst du einen leistungsstarken Mixer. Wenn du keine Lust hast, dir einen teuren Mixer zu kaufen, kannst du als Alternative grüne Superfood-Pulver verwenden. In getrockneten Superfoods, die aus ganzen Blättern hergestellt werden, bleibt die gesamte Vital- und Nährstoffdichte erhalten und ist sofort verfügbar.

Beeren & Früchte

Beeren und Früchte locken uns meist durch ihren verführerischen Duft und ihre leuchtenden Farben. Und gerade darin liegt auch ihr Geheimnis, das erst in den letzten Jahren so richtig gelüftet werden konnte. Die Farbstoffe zählen meist zu den sekundären Pflanzenstoffen, die eine besonders hohe antioxidative Wirkung haben. Neben diesen Antioxidantien bieten uns die Superbeeren auch zahlreiche Vitamine, Mineralstoffe und essenzielle Fettsäuren wie Omega 3+6+9. Die Superbeeren helfen uns dabei, die Abwehrkräfte zu stärken, den Alterungsprozess zu verlangsamen und das Hautbild zu straffen und zu verbessern.

Zu den besten Superbeeren zählen Acai Beeren, Hagebutten, Himbeeren oder Heidelbeeren. Rohkakao zählt zu den Superfrüchten mit der höchsten Menge an Antioxidantien.

Fein zu wissen: Was sind Antioxidantien?
In den menschlichen Stoffwechselprozessen entstehen sogenannte „freie Radikale". Vereinfacht ausgedrückt fehlt diesen freien Radikalen ein Elektron, das sie sich kurzerhand woanders besorgen. Im Normalfall nehmen freie Radikale das fehlende Elektron von der nächstbesten gesunden Zelle. Die gesunde Zelle stirbt. Das ist ein natürlicher Prozess, den man Alterung nennt. Durch ungesunde Ernährung, Stress und Umweltgifte wird die Bildung von freien Radikalen jedoch beschleunigt. Neben vorzeitiger Alterung kann das auch zu verschiedenen Krankheiten führen. Hier kommen nun die Antioxidantien ins Spiel. Antioxidantien haben nämlich glücklicherweise ein Elektron zuviel. Freie Radikale werden neutralisiert, gesunde Zellen geschützt. Übrigens: Mit dem sogenannten ORAC Wert wird gemessen, wie viele freie Radikale durch ein einzelnes Antioxidans blockiert werden können. Zu den bewährtesten Antioxidantien zählen u.a. Carotinoide, Polyphenole, Flavonoide und Anthocyane.

Wurzeln & Samen

Wurzeln und Samen haben allgemein eine stärkende Wirkung auf den Körper. Superfood-Samen besitzen einen hohen Gehalt an Eiweiß, Aminosäuren und ungesättigten Fettsäuren. Daher sind sie als Powernahrung bestens geeignet. Wurzeln haben seit jeher einen hohen Stellenwert in der Naturmedizin und werden gerne als Stärkungsmittel oder als Aphrodisiakum eingesetzt. Gerade Hanf besteht, ähnlich wie der menschliche Körper auch, etwa zu einem Viertel aus Proteinen. Das Besondere aber ist, dass Hanf alle essenziellen Aminosäuren besitzt, die unser Körper benötigt. Im Hanfprotein steckt doppelt soviel Eiweiß wie in der gleichen Menge Rindfleisch. Daher ist es eine perfekte Eiweißquelle für den Menschen.
Zu den beliebtesten Superwurzeln zählen Maca und Ashwagandha. Populäre Supersamen sind Chiasamen, Leinsaat oder Hanfsamen.

Fein zu wissen: Was sind Aminosäuren?
Aminosäuren sind die Bausteine aus denen Eiweiß gebildet wird. Acht davon kann der Körper nicht selbst herstellen, sondern nur über die Nahrung aufnehmen. Daher auch ihr Name „essenzielle Aminosäuren". Insgesamt benötigt unser Körper 23 verschiedene Aminosäuren. Nimmt man tierisches Eiweiß zu sich, muss die Verdauung die fremden Eiweiß-Moleküle erst in die einzelnen Aminosäuren zerlegen. Das kann beispielsweise bei rotem Fleisch bis zu acht Tage dauern. Pflanzliches Eiweiß ist dagegen sofort bioverfügbar. Das Aminosäure-Profil von Hanfprotein etwa ist dem menschlichen am nächsten. Es enthält alle Aminosäuren und ist zudem leicht verdaulich.

Uraltes Wissen: Ayurvedische Superfoods

Dass Superfoods schon seit Jahrtausenden bekannt sind und auch in der Naturmedizin verwendet werden, bestätigt die uralte Heilkunst des Ayurveda. Hier sind bestimmte Pflanzen mit außerordentlichen Eigenschaften besser bekannt als Rasayanas (Verjüngungsmittel). Rasayanas sind traditionelle Heilpflanzen, die, getrocknet und zu Pulvern verarbeitet, wie Superfoods verwendet werden können. Die enthaltenen Stoffe haben eine besonders hohe adaptogene Wirkung. Adaptogene helfen dem Immunsystem, sich besser an Stresssituationen anzupassen, quasi Stress zu adaptieren. Der Körper wird widerstandsfähiger gegenüber den negativen Einflüssen von äußeren und inneren Belastungszuständen, damit verbundenen Krankheiten wird vorgebeugt.
Die positiven Effekte von Rasayanas zielen auf ein verbessertes Erinnerungsvermögen, geistige Klarheit, Gesundheit und Jugendlichkeit ab. Aber nicht nur bestimmte pflanzliche Wirkstoffe zählen zu den ayurvedischen Verjüngungsmitteln, auch eine erfüllende Tätigkeit oder Partnerschaft kann ein pures Rasayana sein.

Zu den wichtigsten ayurvedischen Superfoods gehören:

Amalaki (indische Stachelbeere), die „Frucht der Jugend und Schönheit", wirkt durch ihren hohen Gehalt an Vitamin C effektiv dem Alterungsprozess entgegen, aktiviert den Zellstoffwechsel und schützt so vor freien Radikalen. Amalaki ist aber nicht nur ein Verjüngungsmittel, sondern fördert auch die Fruchtbarkeit und erhöht das Lustempfinden.

Ashwagandha (Schlafbeere oder Winterkirsche), auch indischer Ginseng genannt, baut Stress ab und stärkt das Körpergewebe sowie das Immunsystem. Darüber hinaus erhöht die Wurzel der Winterkirsche Kraft und Ausdauer.

Trikatu (Gewürzkombination aus Ingwer, Langem Pfeffer und Schwarzem Pfeffer), „die dreifache Schärfe", stimuliert das Verdauungsfeuer (Agni), wirkt entblähend und wärmend. Deshalb wird es gerne bei Erkältungskrankheiten verwendet.

Tulsi (der „heilige Baslikum"), stärkt die Abwehrkräfte und hilft, Giftstoffe abzuleiten. Wirkt reinigend und entzündungshemmend überall da, wo es gebraucht wird, etwa bei Magen-Darm Beschwerden oder Gelenksentzündungen nach sportlicher Überlastung.

Die beliebtesten Superfoods im Überblick A–C

	Herkunft, Wirkung und Highlights
Acai Beeren Euterpe oleracea	Acai Beeren werden in Brasilien fast zu jeder Mahlzeit als Mus genossen. Bei uns kann man es entweder tiefgefroren oder getrocknet in Pulverform bekommen. Acai besitzt einen sehr hohen Anteil an Antioxidantien (ORAC 82.500/100g) und zudem viele ungesättigte Fettsäuren (Omega 3+6+9). Es festigt und strafft die Haut und verringert den Alterungsprozess.
Amalaki Phyllanthus emblica	Amalaki, auch Amla oder indische Stachelbeere genannt, ist ein traditionelles ayurvedisches Rasayana. Es gilt als harmonisierend für alle Menschen und sollte täglich eingenommen werden. Amalaki besitzt einen hohen Gehalt an Vitamin C (20-mal mehr als eine Orange). Es stärkt die Immunkraft, ist ein Tonikum für das Herz und besitzt noch zahlreiche weitere positive Eigenschaften.
Ashwagandha Phyllanthus emblica	Ashwagandha, auch Schlafbeere oder Winterkirsche genannt, ist ein weiteres sehr beliebtes ayurvedisches Rasayana. Die Wurzel des Ashwagandha wird getrocknet und zu Pulver vermahlen. Ashwagandha wird als Stärkungsmittel, Aphrodisiakum aber auch als Beruhigungsmittel eingesetzt.
Chiasamen Salvia hispanica	Chiasamen werden von den indigenen Völkern Südamerikas schon seit Jahrtausenden hoch angesehen. Auch in der westlichen Welt sind sie mittlerweile zum wahrscheinlich bekanntesten Superfood geworden. Chiasamen zeichnen sich durch einen hohen Gehalt an Proteinen und Omega 3 Fettsäuren aus. Sie geben dem Körper über einen langen Zeitraum Energie und reduzieren das Hungergefühl. Ideal für die Kuriere der Maya – und für uns an stressigen Tagen, an denen viel zu erledigen ist.
Chiaprotein Salvia hispanica	Für die Gewinnung von Chiaöl werden die Chiasamen kaltgepresst. Der verbleibende Presskuchen wird fein gemahlen – das Chiaprotein Pulver entsteht. Im Vergleich zu Chiasamen zeichnet es sich durch einen geringeren Fett- und einen höheren Eiweißanteil aus.

Geschmack	Wie wird es angewendet	Was ist beim Kauf zu beachten
mild fruchtig ölig leicht bitter	1-2 EL pro Portion als beliebte Zutat für Smoothies, Bowls und Desserts für den täglichen Genuss. Acai kann nicht überdosiert – muss also nicht sparsam verwendet – werden.	Beim Pulver ist darauf zu achten, dass dieses gefriergetrocknet ist. Nur bei der Gefriertrocknung bleiben die Antioxidantien erhalten. Du kannst das an der dunklen bis schwarzen Farbe erkennen. Die Antioxidantien stecken nämlich im Farbstoff. Es gibt sehr billige Pulver am Markt, welche nicht gefriergetrocknet sind. Diese sind bräunlich und haben alle Antioxidantien verloren.
sauer	1/2 TL pro Tag in Smoothies oder Superfood Bowls.	Bei indischen Rasayanas ist es immer wichtig, auf das Bio-Siegel zu achten. Konventionelle Ware ist häufig mit Schwermetallen und Pestiziden belastet.
scharf bitter zusammenziehend	1 TL pro Tag mit Ghee und Honig oder in einen Smoothie, Fruchtsaft oder eine Bowl. Auch abends zur Beruhigung.	Bei allen indischen Rasayanas und Gewürzen immer auf Bio-Qualität achten.
geschmacksneutral	Grundrezept Chia Gel: 1-2 TL in 1/8 l Wasser ca. 10 Minuten quellen lassen. Hin und wieder umrühren. Chia Gel kann pur gelöffelt oder für Smoothies, Bowls und Desserts verwendet werden. Die löslichen Ballaststoffe im Chia Gel sind besonders gut geeignet, um den Darm zu reinigen und die Verdauung anzukurbeln.	Chiasamen gibt es in schwarz oder weiß. Diese sind in der Wirkung gleich – weiße Chiasamen sind teurer, da sie seltener vorkommen.
geschmacksneutral	1 EL pro Tag für Protein-Smoothies und Bowls.	

G–H

	Herkunft, Wirkung und Highlights
Gerstengras Hordeum vulgare	Gerstengras wird aus der herkömmlichen Gerstenpflanze gewonnen. Nach dem Keimen bildet die Pflanze zuerst zwei Blätter aus. Danach würde die Pflanze den Stängel und in weiterer Folge die Ähren bilden. Bevor das passiert, werden die 15-20 cm langen Blätter jedoch geerntet. Zu diesem Zeitpunkt besitzen die Blätter das Maximum an Nährstoffen, die die Pflanze für ihr Wachstum und ihre Fortpflanzung benötigt. Gerstengras besitzt einen hohen Gehalt an Eiweiß, Ballaststoffen und Chlorophyll sowie zahlreiche Vitamine und Mineralstoffe. Es wird in der Regel getrocknet und in Pulverform angeboten. In manchen Bio-Supermärkten kann man es auch frisch bekommen.
Hanfsamen Cannabis sativa	Hanfsamen haben nichts mit Drogen zu tun – wir sprechen von den Samen des gemeinen Nutzhanfs. Die Hanfpflanze ist insgesamt eine Pflanze mit herausragenden Eigenschaften, dem stehen die Samen um nichts nach. Sie haben einen hohen Gehalt an Eiweiß, ungesättigten Fettsäuren (Omega 3+6) sowie eine Vielzahl an Vitaminen, Mineralstoffen und Antioxidantien. Darüber hinaus schmecken sie hervorragend.
Hanfprotein Cannabis sativa	Wie beim Chiaprotein wird der bei der Hanföl Erzeugung gewonnene Presskuchen fein gemahlen und gesiebt. Im Vergleich zu den Hanfsamen, weist das Hanfprotein Pulver einen höheren Eiweiß- und geringeren Fettanteil auf. Hanfprotein enthält mit 50 % doppelt so viel Eiweiß wie Rindfleisch, ist im Vergleich dazu jedoch sehr leicht verdaulich. Zudem enthält Hanfprotein alle 23 Aminosäuren, inklusive der acht essenziellen. Deshalb ist Hanfprotein der perfekte Eiweißlieferant für den Menschen.
Heidelbeere Vaccinium myrtillus	Heidelbeeren gehören zu den absoluten Stars unter den heimischen Superfoods. Neben ihrem einzigartigen Geschmack zeichnen sie sich vor allem durch ihren hohen Gehalt an Antioxidantien aus und enthalten eine große Menge an Vitamin C+E.
Himbeere Rubus idaeus	Was gibt es Besseres als im Sommer Himbeeren direkt vom Strauch zu naschen? Schmeckt gut und ist gesund, aufgrund zahlreicher B-Vitamine, einem hohen Gehalt an Vitamin C und Antioxidantien.

Geschmack	Wie wird es angewendet	Was ist beim Kauf zu beachten
grasig süß	1-2 TL in ein Glas Fruchtsaft, Wasser, Smoothie oder eine Bowl. Mehrmals täglich nach Lust und Laune trinken.	Gerstengras Pulver kann je nach Trocknungsmethode große Qualitätsunterschiede aufweisen. Am besten erkennt man die Qualität an der Farbe und an der Struktur. Es muss ein frisches Grün aufweisen und das Pulver darf nicht faserig sein. Speziell bei luftgetrocknetem Gerstengras gehen viele Vitalstoffe verloren, es hat eine eher aschgrüne Farbe und lässt sich nicht fein vermahlen. Deshalb schwimmen Faserteile im Glas und es löst sich nicht gut auf.
nussig süß	Hanfsamen können über jedes Essen gestreut und zu jedem Smoothie hinzugefügt werden.	Die Schale der Hanfsamen schmeckt bitter und ist schwer verdaulich. Daher unbedingt darauf achten, dass die Hanfsamen geschält sind. Dann schmecken sie nussig-süß und sind bekömmlicher.
nussig süß	1-2 EL für eiweißreiche Shakes, Smoothies und Bowls. Kann mehrmals täglich genossen werden.	In vielen Biomärkten wird auch Hanfmehl angeboten. Hanfmehl ist billiger und enthält einen höheren Schalenanteil. Es schmeckt dadurch bitterer, hat mehr Ballaststoffe, aber deutlich weniger Eiweiß. Wenn ihr eine leckere Eiweißquelle sucht, ist daher Hanfprotein die bessere Wahl, auch wenn es mehr kostet.
fruchtig süß	1-2 TL in ein Glas Fruchtsaft, Smoothie, eine Bowl oder Cream.	Heidelbeeren gibt es aus Wildsammlung und aus gezüchteten Kulturen. Die echten Heidelbeeren sind in der Regel geschmackvoller. Allerdings ist hier das Risiko größer, dass die Beeren mit Umweltgiften belastet sind. Man sollte nur zugreifen, wenn man auch weiß, woher die Beeren kommen. Bei getrockneten Heidelbeeren oder Pulver ist die Gefriertrocknung die erste Wahl, um ein Maximum an Antioxidantien zu erhalten.
fruchtig süß	1-2 TL in ein Glas Fruchtsaft, Smoothie, eine Bowl oder Cream. Kinder lieben Himbeerpulver auch pur zum Naschen.	Wie bei Heidelbeeren, ist auch bei Himbeeren die Gefriertrocknung optimal, um Geschmack und Inhaltsstoffe zu erhalten. So kann die kurze Himbeer-Saison auf das ganze Jahr verlängert werden.

I – M	**Herkunft, Wirkung und Highlights**
Ingwer Zingiber officinale	Ingwer ist ein Klassiker in der asiatischen Küche, der auch bei uns im Westen längst Einzug gehalten hat. Laut Ayurveda stärkt Ingwer das Verdauungsfeuer Agni, was sich vorteilhaft auf die gesamte Gesundheit auswirkt. Als Tee getrunken oder als Gewürz in der Küche ist Ingwer sehr vielseitig einsetzbar.
Kale (Grünkohl) Brassica oleracea var. sabellica	Kale gehört zu den weltweit beliebtesten Superfoods. Er zählt zu den Blattgemüsen mit der höchsten Nährstoffdichte und enthält große Mengen an Eiweiß, Antioxidantien, Chlorophyll – welches das Blut reinigt und die Blutbildung anregt – sowie zahlreiche Vitamine und Mineralstoffe, darunter Vitamin A+C+K, Folsäure, Calcium und Eisen.
Kurkuma Curcuma longa	Kurkuma, auch Gelbwurz genannt, ist in Indien als Gewürz und Heilmittel gleichermaßen beliebt. Während es in der Küche dem Curry seine gelbe Farbe verleiht, bietet es in der Hausapotheke zahlreiche Vorteile: Das enthaltene Curcumin wirkt entzündungshemmend, schmerzstillend, krebshemmend und leitet Giftstoffe aus.
Lucuma Pouteria lucuma	Lucuma ist die absolute Lieblingsfrucht in Peru: So beliebt, dass nicht nur die populärste Eiscreme daraus hergestellt wird, sondern auch gleich 25 Orte nach ihr benannt wurden. Lucuma wird als Zuckerersatz für Süßspeisen verwendet. Aufgrund ihres niedrigen glykämischen Index ist sie eine sehr verträgliche Süßungsmethode. Bei uns wird Lucuma als getrocknetes Pulver angeboten.
Maca Lepidium meyenii	Maca ist ebenfalls ein sehr traditionsreiches Superfood aus Peru. Die Macawurzel wächst auf über 3500 Metern Seehöhe in rauem Klima. Maca wird in den Anden seit jeher als Superfood verwendet. Sie spendet Kraft und wird als Aphrodisiakum für Mann und Frau eingesetzt.
Moringablatt Moringa oleifera	Moringa wird der Baum der Unsterblichkeit genannt. Er gilt als der nährstoffreichste Baum der Welt und heilt laut Ayurveda über 400 Krankheiten. Alle Teile sind essbar, als Superfood wird meistens das Pulver des Moringablatts verwendet. Dieses enthält Zeatin, ein Wachstumshormon. Es hilft uns, die Nährstoffe jeglicher Art leichter und schneller aufzunehmen. Moringa wirkt sehr stark reinigend und kann dabei helfen, Gifte und Schwermetalle aus dem Körper auszuleiten sowie Pilze und Hautunreinheiten zu bekämpfen. Die Anwendungsmöglichkeiten sind so vielfältig, dass alleine über Moringa schon eigene Bücher geschrieben wurden.

Geschmack	Wie wird es angewendet	Was ist beim Kauf zu beachten
scharf	1/2 – 1 TL in Smoothies und Bowls.	Ingwer unbedingt immer in Bio-Qualität kaufen, da konventionelle Ware oft von Umweltgiften oder Pestiziden belastet ist.
milder Kohlgeschmack	1-2 TL in Smoothies und Bowls oder ins Salatdressing.	Da Grünkohl sehr widerstandsfähig ist, kann er bis zum Winteranfang geerntet werden. Eine tolle Möglichkeit, im Spätherbst noch frische grüne Smoothies zu genießen. Man benötigt dafür unbedingt einen sehr leistungsstarken Mixer. Da die Zellstruktur von Grünkohl sehr fest und roh schwer verdaulich ist. Nur ein starker Mixer kann die Zellwände aufbrechen, damit der Körper die vielfältigen Nährstoffe auch aufnehmen kann. Eine bekömmliche Alternative ist ein gefriergetrocknetes, fein gemahlenes Pulver, welches ganzjährig zur Verfügung steht.
scharf leicht bitter	1/2 TL in Smoothies, Bowls oder jegliche andere Speise.	Wie bei allen indischen Gewürzen unbedingt auf Bio-Qualität achten.
süß	2-3 TL pro Tag zum Süßen von Smoothies oder Bowls. Kann auch für Süßspeisen wie Kuchen, Kekse und Eis verwendet werden.	Beim Kauf von Lucuma Pulver sollte auf Bio- und Rohkostqualität geachtet werden, die frei von Zusatzstoffen ist.
süß leicht bitter	1-3 TL für Smoothies, Bowls oder Süßes. Dunkles Maca Pulver geringer dosieren.	Es gibt drei Arten: Gelbe, rote und schwarze. Sie unterscheiden sich durch die Wirkstoffdichte, die schwarzen Wurzeln sind am gehaltvollsten. Schon ein Teelöffel hat enorme Wirkung.
scharf leicht bitter	1/2 TL mit ein wenig Wasser und Zitronensaft als täglicher Shot zum Entgiften. Kann in alle Smoothies oder Bowls gegeben werden, da es die Nährstoffaufnahme unterstützt.	Moringablätter werden luftgetrocknet. Durch Vögel kann es zu einer hohen Keimbelastung kommen. Deshalb sollte auf entkeimtes Pulver geachtet werden.

P – W

	Herkunft, Wirkung und Highlights
Pippali, Langer Pfeffer Piper longum	Pippali ist eine indische Heil- und Gewürzpflanze. Übersetzt bedeutet Pippali „trinken und verdauen". Pippali wird seit jeher bei Verdauungsproblemen, Husten und Erkältung eingesetzt, da er sehr wärmend und anregend wirkt.
Rohkakao Theobroma cacao	Rohkakao unterscheidet sich vom herkömmlichen Kakao dadurch, dass er bei der Verarbeitung nicht geröstet wird. Deshalb bleibt eine Vielzahl an sekundären Pflanzenstoffen erhalten, die den Kakao so besonders machen. Darunter findet sich eine hohe Menge an Antioxidantien (ORAC 95.500/100g) sowie Kalium, Phosphor, Magnesium, Eisen, Zink, Kupfer, Mangan und Molybdän. Rohkakao macht gute Laune, da er Botenstoffe enthält, die die Ausschüttung von Glückshormonen fördern.
Traubenkernmehl Vitis vinifera	Traubenkernmehl wird aus getrockneten Weintraubenkernen gewonnen. Neben den Schalen enthalten auch die Kerne eine große Menge an Antioxidantien (ORAC 110.000/100g). Die Besonderheit an Traubenkernmehl ist, dass die Antioxidantien hitzebeständig sind, das Pulver also auch zum Kochen und Backen verwendet werden kann.
Trikatu Zingeber officinale, Piper negrum, Piper longum	Trikatu – auch „die drei Scharfen" genannt – ist ein weiteres klassisches ayurvedisches Heilmittel. Es besteht aus Pippali (Langem Pfeffer), Ingwer und Schwarzem Pfeffer. Trikatu fördert aufgrund seiner Schärfe die Verdauungskraft.
Tulsi Ocimum tenuiflorum	Tulsi ist das indische Basilikum und eine der wichtigsten ayurvedischen Heilpflanzen. Die „Königin der Kräuter" ist in Indien in jedem Tempelgarten zu finden. Tulsi wurde in Indien seit jeher für Erkältungen, Husten und Grippe eingesetzt. Es bringt Leichtigkeit in den Körper und befreit ihn von Giftstoffen, insbesondere im Kopfbereich. Der Legende nach, soll allein die Berührung der Pflanze von allen Sünden befreien sowie den Körper reinigen.
Weizengras Triticum aestivum	Weizengrassaft ist aufgrund seiner hohen Vitalstoffdichte seit den 1970er Jahren beliebt. Die Herstellungsweise ist exakt die gleiche wie beim Gerstengras, auch die Wirkung ist sehr ähnlich. Während beim Gerstengras der reinigende Aspekt im Vordergrund steht, wird Weizengras vor allem wegen seiner vitalisierenden Wirkung getrunken. In der Regel erhält man Weizengras als Pulver. In gut geführten Smoothie-Bars wird auch frischer Weizengrassaft angeboten.

Geschmack	Wie wird es angewendet	Was ist beim Kauf zu beachten
scharf	1/2 TL in ein Glas Pflanzenmilch oder für Smoothies und Bowls.	Wie bei allen indischen Gewürzen unbedingt auf Bio-Qualität achten.
bitter	1-2 TL für Smoothies, Bowls und Raw-Cacao-Creams.	Rohkakao enthält in seiner ursprünglichen Form noch sehr viel Kakaobutter. Beim herkömmlichen Kakao verflüssigt sich diese beim Rösten und kann einfach beseitigt werden. Um ein feines Pulver zu erhalten, muss beim Rohkakao die Kakaobutter durch ein mechanisches Kaltpressverfahren von der Kakaomasse getrennt werden. Daher ist Rohkakao als „stark entölt" gekennzeichnet.
sauer bitter	1/2-1 TL in ein Glas Fruchtsaft, Smoothie oder eine Bowl.	Auf Bio-Qualität achten, da konventionelle Weintrauben sehr stark mit Pestiziden behandelt werden.
scharf	1/2 TL in ein Glas Pflanzenmilch oder für Smoothies und Bowls.	Wie bei allen indischen Gewürzen unbedingt auf Bio-Qualität achten.
scharf zusammenziehend herb	1 TL in ein Glas Fruchtsaft, Smoothie oder in eine Bowl .	Wie bei allen indischen Gewürzen unbedingt auf Bio-Qualität achten.
grasig mild süß	1-2 TL in ein Glas Fruchtsaft, Wasser, Smoothie oder in eine Bowl.	Wann entscheidet man sich für Weizengrassaft und wann für das Pulver? Im Pulver ist das ganze Blatt enthalten. Dieses enthält neben Vitalstoffen auch Eiweiß und Ballaststoffe. Daher eignet sich das Pulver für nahrhafte und reinigende Smoothies. Beim frisch gepressten Saft werden die eiweiß- und ballaststoffreichen Pflanzenteile entfernt. Übrig bleibt ein kleiner Shot. Möchte man nur rasch eine große Ladung Vitamine, Chlorophyll und Mineralstoffe tanken, ist der Saft eine gute Wahl.

Superfood
Frühstücks-rezepte

Wachmacher Smoothie

Das ist mehr als nur Kaffee!

Hallo, ich bin Jess!

Vollmundig ist eine Herzensangelegenheit oder das Ergebnis einer Leidenschaft für gutes Essen, einem Faible für Design und der Neugier an fernen Ländern. Für meine Rezepte verwende ich stets frische und naturbelassene Lebensmittel, die ich mit viel Liebe zum Detail zu fabelhaften Geschmackserlebnissen verarbeite. Da ich gerne auf Reisen gehe, gibt's auf vollmundig auch Rezepte aus aller Welt.

Jessica Lerchenmüller | www.vollmundig.org

Über mein Rezept:

Der Wachmacher Smoothie verfügt über eine hohe Nährstoffdichte und verleiht dir die notwendige Energie, um in den Tag zu starten! Das Besondere an diesem Muntermacher ist die Mischung aus Kaffee und Kakao. Kakao verfügt in Rohkostqualität nämlich über etwa 230 mg Koffein pro 100 g – Kaffee enthält im Vergleich dazu nur 40 mg pro 100 g. Für noch mehr Energie sorgen in diesem Mix außerdem noch Hanfprotein, Ashwangandha, Banane und Lucuma.

HANGOVER, MONTAGMORGEN, ENERGY

WACHMACHER SMOOTHIE
(1 Glas)

Du brauchst:

2 EL Mandelmus
1 EL Sonnenblumenkerne
150 g Pflanzenmilch,
z. B.: Mandelmilch
1 TL Feinstoff Power Kakao
Optional: 1 Tasse Espresso

So geht's:

Sonnenblumenkerne über Nacht einweichen. Am Morgen gemeinsam mit dem Mandelmus und der Pflanzenmilch in einem Standmixer pürieren und in ein Glas füllen. Wer möchte, kann Espresso hinzufügen (kalt, lauwarm oder heiß). Kakaopulver über den Smoothie sieben, servieren und genießen.

© Jessica Lerchenmüller

Green Power Smoothie

Die grüne Vitaldusche für jeden Tag.

Hi, ich bin Mia...

... 22 Jahre alt, Model, Tierversuchsgegnerin und Versuchskaninchen – ich teste Produkte, probiere Rezepte aus und teile meine Erfahrungen mit euch. Mein Ziel ist schnell erklärt: Ich will zeigen, wie leicht es ist, Rücksicht zu nehmen ohne sich dabei einzuschränken. Man kann nicht alles perfekt machen, aber das sollte einen nicht davon abhalten, sein Möglichstes zu probieren. Progress, not perfection! Was mich beschreibt? Fair, vegan, tierversuchsfrei, so oft ich nur kann. Oberste Priorität? Immer die Gesundheit.

Mia Sabathy | www.lessharm.at

Über mein Rezept:

Mein Liebling für einen guten Start in den Tag ist ein erfrischend grüner Smoothie, der den Körper mit lauter gesunden Zutaten ordentlich in Schwung bringt. Süße von der Birne, ein bisschen Saures von den Weintrauben und eine leichte Schärfe vom Ingwer – ein echter Muntermacher, mein Green Power Smoothie... herrlich. Extrapunkte gibt es für frisch gepressten Orangen- oder Limettensaft! Und wenn ich mir morgens nur 5 Minuten Zeit nehme, einen ordentlichen Smoothie zu machen, fühle ich mich schon so accomplished, dass der Rest des Tages einfach gut werden MUSS. Cheers!

DETOX, IMMUNSTÄRKEND, TO GO

GREEN POWER SMOOTHIE

(1 Glas)

Du brauchst:

1/2 Apfel
1/2 Birne
1/4 Gurke
1 Handvoll Weintrauben
1 Handvoll Babyspinat
150 ml Orangensaft
1 kleines Stück Ingwer
1-2 TL Kale Pulver
Optional: Saft von 1/2 Limette

So geht's:

Apfel, Birne und Gurke würfeln. Ingwer reiben und den Standmixer damit füttern. Weintrauben und Babyspinat hinzufügen. Mit Orangensaft aufgießen. Kale Pulver zugeben und kräftig mixen, bis sich das Pflanzenpulver mit den restlichen Zutaten gut vermischt hat und die Konsistenz schön cremig ist. Je nach Wunsch, mit dem Saft einer halben Limette verfeinern. Uuuund gluck gluck guten Morgen!

Rezept © Cornelia Kahr / Portrait © Mia Sabathy

Ayurvedischer Gewürz Smoothie

Der Beautyboost nährt das Blut, entspannt die Nerven
und bringt die Haut zum Strahlen.

Hi, ich bin Nives.

Beautynista. Yogainspirateuse. Ernährungscoach. Ich arbeite integrativ und umfassend. Der Schwerpunkt meiner Wohlfühlangebote liegt in „der Kunst der richtigen Lebensführung", wie Ayurveda und Yoga ursprünglich bezeichnet wurden. Meine Tools: Yoga, Ayurveda, vegane Süßigkeiten, Öle, Pflanzen, Kräuter und alles das, was die Natur so zu bieten hat. Meine Vision: Menschen das wertvolle Wissen für ganzheitliches Wohlbefinden von Körper, Geist und Seele weiterzugeben.

Nives Gobo | www.bloomharmony.com

Über mein Rezept:

Das Geheimnis der ayurvedischen Küche liegt in der Verwendung der Gewürze. Damit zaubert die jahrtausendealte Wissenschaft vom Leben viel Heilkraft und noch mehr Genuss in jedes Essen. Dieser Smoothie eignet sich besonders als feiner Vormittagstrunk und schenkt dir nicht nur Kraft, sondern ist in Kombination mit Superfoods und ayurvedischen Heilpflanzen auch gut für starkes Blut und schöne Haut.

FÜR STARKES BLUT, RELAXED DICH, STÄRKT DIE NERVEN

AYURVEDISCHER GEWÜRZ SMOOTHIE

(1 Glas)

Du brauchst:

5 Marillen
1 Banane
1/2 TL Zimt
1/4 TL Kardamom
1-2 Messerspitzen frischer Ingwer
1 EL Feinstoff Iron Magic
Saft von 3 Orangen
1 EL Honig oder Ahornsirup

So geht's:

Alle Zutaten in den Standmixer geben und mischen. Falls die Konsistenz zu dickflüssig ist, kannst du den Smoothie mit etwas Wasser verdünnen.

Beauty Kakao

Die kleine Dosis Glück am Morgen,
wenn die Sonne hinter dichten Wolken hängt.

Über mein Rezept:

Dieser Kakao ist ein wahres Gedicht. Vor allem an kalten Wintertagen oder als nährende Frühstücksvariante. Die Kakaobohne ist wohl eine der sinnlichsten Schöpfungen von Mutter Erde. Das wussten bereits die Mayas und Azteken und verehrten den Kakao für seine Heilwirkungen. Was die Alten seit jeher wissen, hat auch die moderne Wissenschaft bestätigt. Man hat herausgefunden, dass Rohkakao einen Cocktail an Glückshormonen, Mineralstoffen, Antioxidantien und sekundären Pflanzenstoffen enthält. Ein wunderbares Multitalent also. Verjüngend, anregend, aphrodisierend und stimmungsaufhellend.

STÄRKT DIE NERVEN, GUTE LAUNE, IMMUNSTÄRKEND

Nives Gobo | www.bloomharmony.com

BEAUTY KAKAO
(1 Glas)

Du brauchst:

200 ml Mandelmilch
2 TL Rohkakao
1/2 TL Zimt
1/4 TL Kardamom
1 TL braunes Mandelmus
1 EL Ahornsirup

So geht's:

Wärme die Mandelmilch in einem Topf langsam auf und füge den Rohkakao und die Gewürze hinzu. Nicht kochen lassen, sondern nur sanft erwärmen und dabei mit einem Schneebesen gut umrühren, bis sich das Kakaopulver aufgelöst hat. Vom Herd nehmen, in eine Tasse füllen und das Mandelmus hineinmischen. Zum Schluss kommt Ahornsirup dazu, der dieser leckeren Verführung noch eine feine Süße verleiht.

Detox Shot

Frischekick und Reinigungskur für jeden Tag.

Über mein Rezept:

Dem Körper täglich sanfte Entschlackungsimpulse zu geben, hat eine wunderbar regenerierende Wirkung. Es unterstützt dich dabei, die Verdauung sanft anzuregen und damit den ganzen Körper vital und frisch zu halten. Ich liebe den folgenden Shot im Frühling und im Sommer gleich zu Beginn am Morgen. Er gibt mir viel Energie und einen richtig guten Start in den Tag. Aber auch vor oder nach dem Essen, vor allem wenn ich etwas Schweres gegessen habe, regt der Detox Shot mein Verdauungsfeuer an.

DETOX, IMMUNSTÄRKEND

DETOX SHOT

(1 Shot)

Du brauchst:

Saft von 1 Orange
Saft von 1/2 Zitrone
Saft von 1 Grapefruit
1 EL Honig oder Ahornsirup
1 TL Feinstoff Detox Power

So geht's:

Den Saft der Orange, Zitrone und Grapefruit auspressen und alle Zutaten gut vermengen. Zum Schluss süßen und genießen.

alle Bilder © Nives Gobo

Dattel Mandel Energydrink

Stärkt die Nerven und liefert Energie.

Hallo, ich bin Danja.

Seit zehn Jahren lebe ich meine Berufung als Yogalehrerin, Ayurveda-Praktikerin und Autorin und liebe es, ganzheitlich zu arbeiten, um Menschen mit Körper, Geist und Seele in ein entspanntes und glückliches Leben zu begleiten. Und da ich davon überzeugt bin, dass ein gesunder Körper die Grundlage für Lebensfreude ist, nutze ich so gerne die Schatzkiste Ernährung und Superfoods, um mit einfachen Rezepten große Veränderungen zu erzielen. Ich hoffe, es schmeckt :)

Danja Lutz | www.soulshakti.at

Über mein Rezept:

Bei heißen Temperaturen ist dieses Getränk mein allerliebstes Sommerfrühstück, leicht erwärmt wird es aber auch an kalten Tagen zum nährenden, nervenstärkenden Krafttrunk. Sowohl Mandeln als auch Datteln sind wahre Nährstoffbomben, die dem Start in den Tag Leichtigkeit und Kraft verleihen. Energie pur mit einer Extraportion Antioxidantien, Vitamin C und Eisen.

DATTEL MANDEL ENERGYDRINK

(1 Glas)

Du brauchst:

250 ml Mandelmilch
2 großzügige TL Mandelmus
1/2 TL Kardamom
1 Prise Vanillepulver
6-7 weiche Datteln
1 gehäufter TL Feinstoff Iron Magic

So geht's:

Die Datteln in kleine Stücke schneiden. Alle Zutaten in den Standmixer oder Smoothiemaker geben, ordentlich mixen. Fertig!

STÄRKT DIE NERVEN, ENERGY TO GO

Chai Kokosporridge

Die orientalische Geschmacksexplosion an kalten Tagen.

Über mein Rezept:

Wenn es nicht gerade hochsommerlich heiß ist, wird im Ayurveda ein warmes Frühstück empfohlen, um dem Verdauungsfeuer einen geschmeidigen Start in den Tag zu ermöglichen. Die Mischung aus Chai und Kokos bringt Orient-Flair in deine Porridgeschüssel – in Kombination mit dem Kirschkompott aus Omas Obstgarten – eine Geschmacksexplosion!

MONTAGMORGEN, ENERGY, ENTSPANNT DEINEN BAUCH

CHAI KOKOSPORRIDGE
(1 Portion)

Du brauchst:

1/2 Tasse Haferflocken, kleinblättrig
1 Tasse Chai
2 EL Kokosraspeln
Rosinen
1/2 TL Zimt
1 TL Feinstoff Agni Rise
1 TL Ghee oder Kokosöl
1 Prise Salz
Ahornsirup
Optional: 1/2 TL Fenchel, wenn dein Verdauungsfeuer gerade schwächelt
Toppings: Kirschkompott, gedünstete Äpfel oder Birnen

So geht's:

Den Chai aufbrühen und die Haferflocken kurz im Tee aufkochen lassen. Von der Platte nehmen und alle Zutaten – abgesehen von den Toppings – hinzufügen und ein paar Minuten quellen lassen. Mit Kirschkompott, gedünsteten Äpfeln oder Birnen belegen.
Tipp: Für mehr Wärme im Winter kannst du die Kokosraspeln auch durch geriebene Haselnüsse ersetzen. Enjoy!

Fein zu wissen:

Ayurvedische Gewürze, wie Zimt, Kardamom und Trikatu sorgen zusätzlich für ein starkes Verdauungsfeuer, damit du alles, was der Tag so bringt, auch spielerisch verdauen kannst.

Rezept © Danja Lutz / Portrait © Eos Koch

Ayurvedischer Avocado Mandeldrink

Die cremige Verführung mit wärmenden Gewürzen regt dein Verdauungsfeuer an.

Hi, ich bin Kathie!

Auf meinem Blog Kathie's Cloud dreht sich alles um vegane Rezepte, Design und einen gesunden Lifestyle. Da ich mich selbst vegan ernähre, verwende ich gerne ayurvedische Superfoods, um mit allen wichtigen Nährstoffen gut versorgt zu sein. Ich liebe Frühstück und fast immer starte ich mit einem gesunden und geschmackvollen Superfood Smoothie oder Shake in den Tag.

Katharina Job | www.kathiescloud.com

Über mein Rezept:

Ayurvedische Superfood-Mischungen mit Gewürzen wie Ashwagandha, Kardamom, Vanille, Zimt und Trikatu – der dreifachen Schärfe – entfachen unser Verdauungsfeuer. Deshalb experimentiere ich sehr gerne damit, weil sie uns mit reichlich Nährstoffen versorgen und die Kombination aus Mandelmilch, Avocado und Reissirup schmeckt einfach herrlich.

STÄRKT DIE NERVEN, ENERGY, MONTAGMORGEN

AYURVEDISCHER AVOCADO MANDELDRINK

(1 Glas)

Du brauchst:

150 ml Mandelmilch, ungesüßt
150 ml Wasser
1/2 Avocado
1 EL Reissirup
1 TL Feinstoff Agni Rise

So geht's:

Die Avocado gemeinsam mit Wasser und Reissirup in einem Standmixer zu einer cremigen Masse pürieren. Anschließend die Mandelmilch und die ayurvedische Superfood-Mischung hinzufügen und kurz aufschäumen. *Ayurveda-Tipp:* Das Wasser darf in diesem Rezept gerne lauwarm sein, da es für deine Verdauungsorgane bekömmlicher ist, mit einem nicht zu kalten Getränk in den Tag zu starten.

Grüner Superfood Smoothie
mit Gerstengras

Der remineralisierende und entsäuernde Balancedrink für unterwegs.

GRÜNER
SUPERFOOD SMOOTHIE
MIT GERSTENGRAS
(1 Glas)

Du brauchst:

300 ml Kokoswasser
1 Handvoll Spinat
2-3 Blätter Minze
2 Scheiben frische Ananas
1 TL Gerstengraspulver
1/2 TL Zimt

So geht's:

Zuerst den Spinat mit Minze und der Hälfte des Kokoswassers im Standmixer zerkleinern, bis keine Blattstückchen mehr übrig sind. Anschließend die Ananas, das restliche Kokoswasser sowie Zimt und Gerstengraspulver hinzufügen und noch einmal kräftig durchmixen.
Tipp: Statt Spinat kann man auch Mangold oder verschiedenes Blattgrün, beispielsweise von Radieschen verwenden.

Katharina Job | www.kathiescloud.com

Über mein Rezept:

Grüne Smoothies sind für mich das perfekte Frühstück für unterwegs. Je einfacher, desto besser lautet die Devise. Gerstengras ist voller Chlorophyll und liefert viele Vitamine und Ballaststoffe, außerdem ist Gerstengras ein bewährtes Heilmittel für eine angegriffene Darmflora. Das liegt vor allem an der basischen, also entsäuernden Wirkung. Gerstengras-Drinks harmonisieren die körpereigenen ph-Werte und remineralisieren unsere Mineralstoffdepots. Regelmäßig getrunken kann Gerstengras unserem Körper helfen, nicht aus dem Gleichgewicht zu geraten.

DETOX, MONTAGMORGEN, TO GO

alle Bidler © Katharina Job

Golden Kurkuma Latte

Stärkt die Abwehrkräfte, macht munter und holt dich aus dem morgendlichen Tief.

Hallo, ich bin Christina,

während meines Studiums habe ich angefangen, Rezepte zu kreieren und mich vor allem auf Frühstück und Smoothies in Gläsern spezialisiert. Nun blogge ich über Ernährung, stelle Rezepte und vegane Reisetipps online, habe mein eigenes Unternehmen und einen Frühstückslieferservice mit Event-Catering gegründet. Als Veganerin muss ich sehr darauf achten, mich ausgewogen und gesund zu ernähren, somit gehören Superfoods natürlich täglich mit auf meinen Speiseplan.

Christina Rechtberger | www.theblondebird.com

Über mein Rezept:

Ich liebe knallige Farben! Kurkuma macht alles kräftig goldfarben und gelb und ist fester Bestandteil in der ayurvedischen Küche. Der Golden Kurkuma Latte ist ein Mix aus Kurkuma, Bananenpulver und fruchtiger Mango – ein frisches Frühstück an heißen Tagen, leicht erwärmt bringt die goldene Milch aber auch Farbe in winterlich graue Tage.

IMMUNSTÄRKEND, HANGOVER, GUTE LAUNE

GOLDEN KURKUMA LATTE

(1 Glas)

Du brauchst:

220 ml Mandelmilch
60 g Mango
1 TL Bananenpulver
1 TL Kurkuma

So geht's:

Alle Zutaten in einen Standmixer geben und mixen.

Berry Coconut Chiapudding

Lieblingsfrühstück für jeden Tag.

BERRY COCONUT CHIAPUDDING
(1 Glas)

Du brauchst:

2 EL Chiasamen
150 ml Wasser
25 ml Kokosmilch
1 TL Ahornsirup
1 Banane
100 g gefrorene Himbeeren, aufgetaut
2 TL Feinstoff Magic Berry
Beeren nach Belieben
Kokosflocken

So geht's:

Für den Chiapudding die Chiasamen in Wasser und Kokosmilch mit etwas Ahornsirup ca. 15 Minuten einweichen und immer wieder umrühren, damit die Chiasamen nicht verklumpen. In der Zwischenzeit Himbeeren, die halbe Banane und die Superfood-Beerenmischung mit etwas Wasser mixen. Das Fruchtmus auf den Chiapudding schichten und mit der restlichen Banane belegen.

Christina Rechtberger | www.theblondebird.com

Über mein Rezept:

Chiapudding ist eines meiner absoluten Lieblingsrezepte, denn ich mag die gelartige Konsistenz der eingeweichten Chiasamen sehr. In den USA habe ich meinen Chiapudding immer mit Acai-Fruchtmus gegessen und das Rezept mit nach Hause genommen. Mit einem Mix aus getrockneten Beeren und frischen Himbeeren schmeckt das Rezept aber noch etwas besser.

ENERGY, SCHMECKT EINFACH GUT, TO GO

alle Bilder © Christina Rechtberger

Himbeer Chiapudding

Hi,

ich bin 23 Jahre jung, wohne in Wien und komme ursprünglich aus Kärnten. Auf meinem Blog Valentinaballerina teile ich sowohl private Themen, als auch meine Liebe zum Kochen und Essen. Meine Ernährung ist gesund und ausgewogen und ich betreibe sehr viel Sport. Ich liebe es, mit Superfoods meine Smoothies zu einem leckeren Geschmackserlebnis zu machen und mir dabei gesundheitlich noch etwas Gutes zu tun.

Valentina Ballerina | www.valentinaballerina.com

Über mein Rezept:

Mit diesem Chiapudding hat man nicht nur ein leckeres Frühstück, sondern er eignet sich auch hervorragend als Snack für zwischendurch. Das Himbeerpulver bringt Farbe ins Glas und schenkt Süße und viele gute Vitamine. Perfekt für alle, die nicht viel Zeit in der Küche verbringen wollen oder können. Ein paar Mal umrühren, schon quellen die Samen von alleine auf. Die Kokosjoghurt-Schicht schmeckt erfrischend und der gepuffte Quinoa verleiht dem Ganzen den Extra-Crunch!

ABNEHMEN, IMMUNSTÄRKEND, ENERGY

HIMBEER CHIAPUDDING
(1-2 Gläser)

Du brauchst:
4 EL Chiasamen
250 ml Pflanzenmilch nach Wahl
2 EL Himbeerpulver
Süße nach Belieben, z.B.: Dattelsirup
100 g Kokosjoghurt
20 g Quinoa-Pops oder anderes gepufftes Getreide nach Belieben
Toppings: Himbeeren & Kakao Nibs

So geht's:
Für den Pudding die Chiasamen, das Himbeerpulver und die Süße in einer Schüssel mit der Pflanzenmilch vermengen. Damit sich keine Klümpchen bilden, sollte man den Pudding in den ersten 15 Minuten ab und an umrühren. Anschließend für mindestens 2 Stunden quellen lassen. Das Kokosjoghurt nach Belieben süßen und mit einem Schneebesen cremig rühren. Wenn der Chiapudding fest ist, das Kokosjoghurt darüber geben und mit dem gepufften Getreide bestreuen. Für noch mehr Farbe und extra Süße lässt sich der Pudding mit frischen Himbeeren und Kakao Nibs toppen.

© valentinaballerina

Chia Beeren Bowl

Die Schüssel voller Glück und guter Laune ist vollgepackt mit Antioxidantien, Vitaminen und Mineralstoffen.

Hi,

ich bin nicht nur ein kleiner Yogi, sondern auch ein kleiner Feinschmecker. In meiner Küche gibt's nur vegane Rezepte, und gerade bei denen lasse ich meiner Kreativität freien Lauf. Auf meinem Blog finden sich die unterschiedlichsten Rezepte mit saisonalen Zutaten, doch mein Favorit ist immer noch das Frühstück. Genau deshalb gibt's auch zwei bunte, vegane Power-Rezepte von mir, um optimal in den Tag zu starten.

Ju Yogi | www.juyogi.com

Über mein Rezept:

Die kleinen Samen aus Mexiko und Südamerika waren schon bei den Mayas ein Wundermittel und auch im Ayurveda werden sie hoch geschätzt. Mit ihrem hohen Omega 3 Gehalt und Ballaststoffen halten Chiasamen lange satt und sind am Morgen ein leckerer Energiekick. Kombiniert mit frischen Beeren sowie Acai, Traubenkernmehl und Hagebutten liefert dir mein Rezept viele wichtige Vitamine und Antioxidantien. Perfekt, um den Tag nicht nur frisch und munter zu starten, sondern auch wenn's mal schnell gehen muss – weil man schon am Vorabend alles super vorbereiten kann.

IMMUNSTÄRKEND, ENERGY, TO GO

CHIA BEEREN BOWL

(1 Bowl)

Du brauchst:

3 ELChiasamen
250 ml Flüssigkeit, Wasser
oder Pflanzenmilch
1 Messerspitze Vanillezucker
2 TL Feinstoff Magic Berry
Toppings: frische, gemischte Beeren

So geht's:

Die Chiasamen mit der Flüssigkeit und dem Vanillezucker mischen und gut verrühren, sodass sich keine Klümpchen bilden. Für mindestens 20 Minuten oder über Nacht quellen lassen. Die getrockneten und frischen Beeren mit etwas Wasser gut mixen. Chiapudding mit dem Beerenmus toppen und nach Lust und Laune mit frischen Beeren, Nüssen oder anderen Superfoods dekorieren. *Tipp:* Chiapudding besser nicht in den Kühlschrank stellen, da die Chiasamen bei Zimmertemperatur besser quellen.

Power Kakao Quinoaporridge

Die Schüssel voller Glück und guter Laune ist vollgepackt mit Antioxidantien, Vitaminen und Mineralstoffen.

POWER KAKAO QUINOA-PORRIDGE
(1 Portion)

Du brauchst:

1 EL Feinstoff Power Kakao
1 kleine Tasse Quinoa
1 kleine Tasse Wasser
1 kleine Tasse Pflanzenmilch
1 Banane
Kokosflocken

So geht's:

Quinoa in einem Sieb waschen und mit Wasser und Pflanzenmilch mischen. Kurz aufkochen lassen und auf kleiner Flamme so lange köcheln, bis die Flüssigkeit verdampft und der Quinoa gequollen ist. Eine halbe Banane mit der Gabel zerdrücken und mit dem Kakaopulver zum Quinoa geben. Alles gut miteinander verrühren. Den Quinoa in einer Schale anrichten und die zweite Hälfte der Banane in Scheiben schneiden und mit Kokosflocken und dem restlichen Kakaopulver garnieren.
Tipp: Nach Belieben mehr Pflanzenmilch zum Quinoa geben, dann wird er cremiger.

Ju Yogi | www.juyogi.com

Über mein Rezept:

Der hohe Eisen- und Magnesiumgehalt in Rohkako, kombiniert mit Ashwagandha und Hanfprotein ist eine wirkungsvolle Mischung, die deinen Körper in Schwung bringt. Dank der leichten Süße von Lucuma und Banane ist das Frühstück perfekt für kleine Naschkatzen. Am besten lässt du deiner Kreativität freien Lauf und kombinierst nach Lust und Laune noch andere Superfoods wie Hanf- oder Chiasamen als Toppings dazu.

STÄRKT DIE NERVEN, GUTE LAUNE, ENERGY

Rezepte © Ju Yogi / Portrait © Überbelichtet

Acai Chiapudding
mit Beeren & Maracuja

Hi, mein Name ist Maxi.

Ich bin Wirtschaftsstudentin und Food-Bloggerin in Wien. Auf meinem Blog schreibe ich vor allem über einen gesunden, veganen und ausgeglichenen Lebensstil. Dabei achte ich besonders darauf, hochwertige und nährstoffreiche Zutaten zu verwenden, die meinen Körper über den Tag hinweg mit ausreichender Energie versorgen. Gerade das Frühstück sollte sättigend und kraftspendend sein.

Maxi Marie Peters | www.breezybalance.com

Über mein Rezept:

Chiapudding ist ein Klassiker unter den Superfood-Rezepten. Das Tolle daran ist, dass es sich wunderbar vorbereiten und einige Tage im Kühlschrank aufbewahren lässt. Deshalb eignet sich der Pudding besonders gut für ein schnelles Frühstück to go. Die aufgequollenen Samen sorgen für ein lange anhaltendes Sättigungsgefühl und enthalten viele wertvolle Nährstoffe, die deinem Körper ausreichend Energie mit in den Tag geben.

IMMUNSTÄRKEND, PROTEIN, ENTSPANNT DEINEN BAUCH

ACAI CHIAPUDDING MIT FRISCHEN BEEREN & MARACUJA

(2 Portionen)

Du brauchst:

440 ml Mandel-Reismilch
6 EL Chiasamen
1 TL Agavendicksaft
1 TL Acaipulver
Toppings: frische Beeren, Maracuja und Mangomus

So geht's:

Chiasamen, Mandel-Reismilch, Agavendicksaft und Acaipulver in eine Schüssel geben und gut vermischen. Nach 30-40 Minuten gut durchrühren, damit die Samen nicht am Boden der Schüssel kleben bleiben. Den Pudding mindestens 3 Stunden, am besten aber über Nacht quellen lassen. Mit frischen Beeren, Maracuja und einem Hauch Mangomus garnieren.

Amarantcreme mit Mangomus

AMARANTCREME
MIT MANGOMUS
(2 Portionen)

Du brauchst:

140 g Amarant
500 ml Hafermilch
1 Prise Meersalz
1 EL Mandelmus
2-4 TL Agavendicksaft
1 TL Macapulver
Für das Mangomus:
1 reife Mango und etwas Zitronensaft im Standmixer pürieren.

So geht's:

Den Amarant kurz abspülen und zusammen mit Hafermilch und Salz in einen Topf geben und kurz aufkochen. Bei mittlerer Hitze und gelegentlichem Rühren ca. 40 Minuten gar kochen. Mandelmus, Agavendicksaft und Macapulver unterheben und mit Mangomus und frischer Minze garnieren.

Maxi Marie Peters | www.breezybalance.com

Über mein Rezept:

Die vegane Amarantcreme ist eine tolle Alternative zum klassischen Oatmeal. Amarant ist ein wahres Powerkorn. Es versorgt dich mit wichtigen Nähr- und Vitalstoffen wie Eisen, Kalium, Kalzium, Zink und Phosphor – und kann sehr vielseitig zubereitet werden, Amarant ist außerdem glutenfrei. Mit etwas Macapulver verfeinert, wird das Rezept zu einem richtigen Powerfrühstück und spendet Kraft für den Tag.

PROTEIN, SPORT, SCHMECKT EINFACH GUT

alle Bilder © Maxi Marie Peters

Ayurveda Zoats

Die Innovation des klassischen Haferflockenbreis.

Hallo, ich bin Annelina.

Ich bin Studentin, bald Jungabsolventin und bisher noch Event-Sport-Gesundheits-Kommunikations-Management-Masterandin. Ich beschäftige mich mit der gesunden, pflanzenbasierten Ernährung und damit, mein Leben als Regenbogen zu gestalten.

Annelina Waller | www.foodwithoutregrets.com

Über mein Rezept:

Das Frühstück eignet sich prima, um morgens schon Gemüse und einen Schub Maca-Energie in den Tag zu bringen. Maca ist eine Knolle und auch als Potenzwunder der Inkas bekannt, während die dreifache Schärfe aus Trikatu dein Verdauungsfeuer entfacht. Mit den Ayurveda Zoats kann man seinen Tag also ganz nach dem Motto „Eat Move Feel" starten.

ENERGY, SPORT, STÄRKT DIE NERVEN

AYURVEDA ZOATS

(1 Portion)

Du brauchst:

50 g Haferflocken
150 ml Wasser zum Einweichen
2-3 Datteln
1/2 Zucchini, gerieben
1 Apfel, gerieben
1 El Chiasamen
1 Tl Macapulver
1 Tl Feinstoff Agni Rise
1 sehr reife Banane (mit Pünktchen)
Lieblings-Toppings: Erdbeeren, Kokosflocken, Bananenchips und allerlei Beeren

So geht's:

Haferflocken, Chiasamen und die kleingeschnittenen Datteln über Nacht (mindestens aber 1 Stunde) in Wasser einweichen. Zucchini, Apfel, Macapulver und die ayurvedische Superfood-Mischung nach dem Einweichen unterrühren. Banane klein schneiden, unterrühren und alles mit den Lieblings-Toppings servieren und genießen.

Portrait © Ines Fuchs / Rezepte © Annelina Waller

Pink Porridge

Superlecker und ruckzuck mit wenigen Zutaten fertig.

Mein Name ist Lisa.

Mit Ayurveda gesund und glücklich leben ist ganz einfach, wenn man seine Dosha-Konstitution kennt und seine Doshas in Balance hält. Meine Erfahrungen mit Ayurveda halte ich in meinem Blog fest. Ich stehe nicht gerne lange in der Küche und liebe Blitzrezepte, wie den Pink Porridge. Seitdem ich vegan esse und Superfoods für mich entdeckt habe, stecke ich voller Energie und genieße das Leben. Und der ayurvedische Haferbrei ist das schnellste und gesündeste Frühstück für alle Tage.

Lisa Fenger | www.ayurveda-schatztruhe.de

Über mein Rezept:

Morgens muss es bei mir meistens schnell gehen. Deshalb liebe ich diesen Ruckzuck-Haferbrei. Wenige Zutaten, schnell fertig und mit etwas Fantasie und Kreativität jeden Tag ein bisschen anders. Beispielsweise mit Nüssen, Kokosflocken oder Saaten. Das Wasser kannst du durch Getreide- oder Kokosmilch ersetzen oder die Haferflocken auch mal mit Milchreis, Grieß oder Quinoa mischen. Und nicht vergessen: Mit Superfoods und frischen Früchten der Saison angereichert ist dieser Porridge der Superstart in den Tag.

MEDITATION & YOGA, STÄRKT DIE NERVEN, ENERGY

PINK PORRIDGE

(1 Portion)

Du brauchst:

100 g Haferflocken
850 ml Wasser
1 Apfel, geschält und klein geschnitten
2 EL Hanfsamen
1 EL Chiasamen
2 TL Feinstoff Magic Berry
1-2 EL Himbeerpulver
1 Prise Kardamom
2 Prisen Zimt

So geht's:

Haferflocken, Wasser und den vorbereiteten Apfel aufkochen lassen. Hanfsamen, Chiasamen und die Superfood-Beerenmischung hinzufügen. Mindestens 20 Minuten ziehen lassen, dadurch wird der Haferbrei sämig und geschmeidig. Vor dem Servieren Himbeerpulver, Kardamom und Zimt einrühren. Nach Belieben mit Agavendicksaft oder Sharkara süßen. Mit frischen Früchten der Saison toppen und genießen.

Tipp: Den Haferbrei vor der Morgentoilette oder Morgenmeditation zubereiten. Dann kann er in Ruhe ziehen und wird noch cremiger.

Portrait © Anke Sundermeier

Love Chavanprash

Der Nektar der Jugend und Schönheit
stärkt das Gedächtnis und die Sinnlichkeit.

Hi, mein Name ist Margarita.

Als Autorin und Texterin schreibe ich auf Urban Free Mind über einfache Lebensrezepte, kreatives Arbeiten und selbstgemachte Superfood-Skincare. Ayurveda begleitet mich schon seit meiner Kindheit und bedeutet für mich schlicht: Behandle deinen Körper, als wäre er dein bester Freund. Und wenn ich nicht gerade an neuen Inspirationen bastle, teile ich meine Erfahrungen gerne in Workshops mit euch. Schaut einfach vorbei!

Margarita Kirchner | www.urbanfreemind.com

Über mein Rezept:

Chavanprash ist ein ganz besonderes ayurvedisches Nahrungsmittel, das vor allem aus Amalaki – „der Frucht ewiger Jugend und Schönheit" – besteht und optisch an eine dicke, würzige Pflaumenmarmelade erinnert. Amalaki ist so vielseitig, dass es vom ayurvedischen Speisezettel nicht wegzudenken ist. Es stärkt die Gedächtnisleistung und alle Sinne, von der Sehkraft bis zur Sinnlichkeit. In ayurvedischen Texten steht geschrieben, dass Amalaki dir „die Erscheinung des Alters abstreift und das Gewand der Jugend überzieht." Klingt gut!

FÜR STARKES BLUT, IMMUNSTÄRKEND, MEDITATION & YOGA

LOVE CHAVANPRASH
(1 Glas)

Du brauchst:

10-15 Pflaumen oder
große Zwetschken, entsteint
1-2 TL geriebene Palmzucker-Kegel
oder Kokosblütenzucker
5-6 grüne Kardamomkapseln
8-10 schwarze Pfefferkörner
1/2 Stück Zimtrinde
2 EL Feinstoff Iron Magic,
da steckt Amalaki drin
Optional: 1 EL Fenchelsamen, gut im Herbst und Winter, 1 EL Nelken oder Kreuzkümmelsamen, etwas Piment und Muskat passen auch gut dazu.

So geht's:

Die Gewürze im Standmixer fein mahlen. Obst, Palmzucker und Gewürze in einen Topf geben und solange dünsten, bis alles zu einem Mus zerfällt. Vom Herd nehmen, auskühlen lassen und die ayurvedische Superfood-Mischung einrühren und pürieren.

Fein zu wissen:

In diesem Rezept steckt neben dem wertvollen Amalaki ein Mix aus Superbeeren wie Heidelbeere, Aronia und Acai, die dir wertvolles Eisen liefern und dein Blut stärken. Die Brennnessel wirkt reinigend und klärend.

Gute Laune Kekse

Die kleinen Kraftspender sind ideal für unterwegs, vor dem Workout oder Yoga am Morgen.

GUTE LAUNE KEKSE
(für ca. 12 Kekse)

Du brauchst:

100 g feines Dinkelmehl
50 g Haferflocken, kleinblättrig
50 g Sharkara oder Kokosblütenzucker
50 g Nüsse, z.B. Walnüsse, Mandeln und Haselnusskerne
4 EL Hanfprotein
1 TL Zimt
1 TL Piment
1/2 TL Muskat, frisch gerieben
15 g Kokosöl
50 ml Kokosmilch
Optional: 1 Handvoll Goji Beeren, getrocknete Cranberries oder Rosinen

So geht's:

Backofen auf 200°C vorheizen. Haferlocken im Standmixer fein mahlen und in eine Teigschüssel geben. Nüsse grob hacken. Trockene Zutaten in der Teigschüssel gut mischen. Kokosöl und Kokosmilch verrühren, bei Bedarf leicht erwärmen und mit den restlichen Zutaten verkneten. Aus dem Teig eine Rolle formen, ca. 2 cm dicke Scheiben abschneiden, glatt drücken und auf ein Backblech setzen. Im Ofen etwa 10-15 Minuten hell backen.
Tipp: Wenn der Teig zu klebrig ist, die fertige Teigrolle in Klarsichtfolie verpacken und ca. 30 Minuten kühl stellen.

Margarita Kirchner | www.urbanfreemind.com

Über mein Rezept:

Die würzigen kleinen Protein-Kekse beruhigen die Nerven, wirken erdend und geben dir Kraft, auch wenn du morgens mal keinen Hunger hast. Hanfprotein ist sehr leicht verdaulich, sorgt dennoch für den nötigen Brennstoff und das wiederum macht gute Laune. Die Kekse passen gut mit selbstgemachtem Chavanprash oder Dattelmus zusammen.

Sweet Hummus
mit Feigen & Dattelmus

Die etwas andere Art, Kichererbsen zu genießen.

SWEET HUMMUS MIT FEIGEN & DATTELMUS
(2 Portionen)

Du brauchst:

250 g Kichererbsen, gegart oder aus dem Glas
1/2 Tasse Wasser
1-2 EL Kokosöl
1-2 EL Kokosblüten- oder Dattelzucker
2 TL Zimt
Saft von 1/2 Zitrone
1-2 frische Feigen oder anderes Obst der Saison

Für das Dattelmus:

10 Datteln, ungesüßt und entkernt
1 Tasse heißes Wasser
1 EL Sonnenblumenkerne
1 EL Macapulver

So geht's:

Für den Sweet Hummus die Kichererbsen mit Wasser und Kokosöl pürieren. Nach Belieben süßen und mit Zitronensaft und Zimt abschmecken.
Für das Dattelmus die Datteln klein schneiden und in heißem Wasser quellen lassen. Datteln und Wasser mit den Sonnenblumenkernen im Standmixer pürieren. Macapulver zugeben und noch einmal kurz mixen.
Sweet Hummus mit Dattelmus süßen, den Rest im Kühlschrank aufbewahren oder für mein Gute Nacht Milch Rezept in kleinen Eiswürfelbehältern einfrieren.
Tipp: Dattelmus passt perfekt zu meinen Gute Laune Keksen oder einfach auf ein getoastetes Roggenbrot und in die Gute Nacht Milch sowieso.

Margarita Kirchner | www.urbanfreemind.com

Über mein Rezept:

Dieser wunderbar cremige und süße Hummus zum Frühstück ist ein wahres Superfood und passt zu allen Jahreszeiten. Kichererbsen versorgen dich mit pflanzlichen Proteinen und gehören im Ayurveda zu einer ausgewogenen Mahlzeit dazu. Dattelmus stammt ursprünglich aus der orientalischen Heilkunst und ist schon seit dem 10. Jahrhundert für seine antiseptische Wirkung bekannt. Früher galt es als natürliches Antibiotikum in Grippezeiten, gemischt mit Macapulver entfacht es deine Lebenssäfte und Liebeskräfte.

PROTEINE, STÄRKT DIE NERVEN, FÜR DEN GROSSEN HUNGER

GUTE NACHT MILCH MIT DATTELMUS

Lieblingsmilch mit 2 EL Rohkakao und je 1 Messerspitze Kardamom, Ingwer, Kurkuma, Muskat und einer Prise Vanille kurz aufkochen. Dattelmus einrühren und träumen.

alle Bilder © Margarita Kirchner

Avocado Schoko Shake

Die schokoladige Verführung für einen geschmeidigen Start in den Tag.

Hallo, ich bin Sonja.

Seit über fünf Jahren begleitet mich mein Blog Ginger in the Basement auf Reisen in fremde Länder, beim Fotografieren des neuesten fairen Outfits und wartet mit Lebensratschlägen und einer Fülle an Rezepten auf. Meine Spürnase stecke ich in die Töpfe, Lokale und Geschäfte von Salzburg und Umgebung immer auf der Suche nach den neuesten Trends und dem besten Kaffee. Superfoods geben mir besonders morgens den perfekten Start in einen aufregenden neuen Tag!

Sonja Winkler | www.gingerinthebasement.at

Über mein Rezept:

Dieser Shake schmeckt so sündig schokoladig, dass man kaum glauben kann, wie gesund er eigentlich ist! Er schmeckt wie ein Dessert, das man aber schon zum Frühstück vernaschen kann. Dank der hochwertigen Fette aus der Avocado macht der Shake besonders satt und zufrieden. Übrigens: Wusstet ihr, dass die Powerfrucht Avocado außerdem unter den Namen Butterfrucht oder Alligatorbirne bekannt ist? Die besonders beliebte Sorte Hass hat eine dunkle, runzelige Schale, was ihren Kroko-Beinamen erklärt.

RELAXED DICH, ENTSPANNT DEINEN BAUCH, GUTE LAUNE

AVOCADO SCHOKO SHAKE

(1 Glas)

Du brauchst:

250 ml Mandelmilch
1/2 reife Avocado
2 TL Feinstoff Power Kakao
1 TL Rohkakao
1 Dattel

So geht's:

Die Zutaten in einen Standmixer geben und gut miteinander vermixen. In ein Glas füllen und servieren.

Grüner Kraftaufstrich

Knackige Erbsen zum Dippen und Verstreichen
mit Ingwer, Kale und Gerstengras.

GRÜNER KRAFTAUFSTRICH
(für 2 Personen)

Du brauchst:

150 g Erbsen
1/2 Zwiebel
1 Knoblauchzehe
2 TL Feinstoff Detox Power
2 EL Feinstoff Green Protein
20 ml Wasser
Spritzer Limettensaft
Salz und Pfeffer, nach Belieben

So geht's:

Zwiebel grob hacken und mit Erbsen in Salzwasser weich kochen. In ein Sieb leeren und kalt abspülen. Gemeinsam mit dem fein gehackten Knoblauch und den grünen Superfood-Mischungen in einen Standmixer geben. Wasser hinzufügen und fein pürieren. Anschließend mit Limettensaft, Salz und Pfeffer abschmecken und auf Brot servieren.

Sonja Winkler | www.gingerinthebasement.at

Über mein Rezept:

Ähnlich den Superkräften von Hulk, löst auch dieser grüne Aufstrich Kräfte in einem aus, die man nicht für möglich gehalten hätte! Der farbenfrohe Erbsenaufstrich ist ein wahrer Kraftprotz und macht müde Geister frühmorgens munter. Dank Ingwer, Kale und Gerstengras wird der Körper von Schlacken gereinigt und frische Erbsen geben dem Aufstrich eine feine süße Note. Ob alleine oder als Basis für ein knackig frisches Sandwich, dieser Aufstrich wird ganz schnell „verstrichen"!

SPORT, ENERGY, PROTEINE

alle Biilder © Sonja Winkler

Wärmender Gewürzporridge

Der wärmende Porridge für ein gemütliches Winterfrühstück mit ayurvedischen Gewürzen.

Hallo, ich bin Barbara.

Meine Liebe zum Essen sowie mein Interesse an Ernährung und Lebensmitteln begleiten mich schon lange. Frei nach dem Motto „Do what you love“ habe ich meinen Blog gestartet, auf dem ich mich mit einer Sache beschäftige, die mich niemals langweilt: Essen. Von allen Mahlzeiten ist mir das Frühstück am liebsten, gerne starte ich mit energiereichen Superfoods, die mir die perfekte Basis für einen guten Tag und viel Kraft mit auf den Weg geben.

Barbara Sattler | www.mintnmelon.com

Über mein Rezept:

Am Frühstückstisch mag ich am liebsten Abwechslung, es sollte aber auch rasch gehen und idealerweise mit ins Büro genommen werden können. Für den perfekten Start in den Tag ist ein warmer ayurvedischer Gewürzporridge köstlich, der kaum belastet und viel Energie gibt. Wenn's morgens ganz schnell gehen muss, gibt es meistens einen Smoothie to go mit saisonalem Obst und Gemüse. Hin und wieder bereite ich einen Hanfaufstrich zu, der auf einem Stück Brot gerne auch mit ins Büro kommt.

RELAXED DICH, STÄRKT DIE NERVEN, REGENERATION

WÄRMENDER GEWÜRZPORRIDGE

(1-2 Portionen)

Du brauchst:

1 Tasse Haferflocken
1 Tasse Wasser
1 Tasse Mandelmilch
Frisches Obst der Saison
1 EL Kokosöl
Ayurvedische Gewürzmischung:
1 TL Zimt, 1 TL Kardamom, 1 TL Ingwer,
1 TL Muskatnuss, 1 TL Macapulver
Süße nach Belieben, z.B.: Ahornsirup

So geht's:

Gewürze im Topf bei mittlerer Hitze kurz anrösten. Haferflocken mitrösten. Alles mit Wasser ablöschen und auf mittlerer Hitze köcheln lassen, bis das Wasser verkocht ist. Mit Mandelmilch aufgießen und auf kleiner Flamme weiter köcheln lassen, bis ein cremiger Brei entsteht. Währenddessen Kokosöl in einer Pfanne leicht erhitzen und das Obst darin dünsten. Den Brei mit Macapulver verrühren, nach Belieben süßen und mit den Früchten anrichten.

Hanfaufstrich

Der frühlingshafte Proteinkick mit vielen frischen Kräutern passt auch gut zum ersten Picknick im Grünen.

Barbara Sattler | www.mintnmelon.com

HANFAUFSTRICH
(1 Glas)

Du brauchst:

50 g Hanfprotein
50 ml Macadamiaöl
20 g Basilikum
20 g Zitronenmelisse
5 g Salbeiblätter
5 g Estragon
5 g Sauerampfer
3 g Koriander
2 g Petersilie
Salz

So geht's:

Hanfprotein in einer Pfanne ohne Fett anrösten. Mehrmals schwenken und darauf achten, dass nichts anbrennt. Kräuter gut waschen, trocknen und fein hacken. Alle Zutaten im Standmixer pürieren und mit Salz abschmecken.

PROTEINE, RELAXED DICH, SPORT

Beeriger Smoothie to go

Die köstliche Kombination aus süßen Beeren und herben Blättern stärkt die Abwehrkräfte und macht munter.

BEERIGER SMOOTHIE TO GO

(1 Glas)

Du brauchst:

Frisches saisonales Obst und Gemüse, z.B. Erdbeeren, Heidelbeeren, Minze und Babyspinat
200 ml Mandelmilch
1 EL Himbeerpulver
1 EL Acaipulver
Süße nach Belieben, z.B. Ahornsirup oder Bananenpulver

So geht's:

Die Menge an Obst könnt ihr selbst wählen. Wenn ihr Smoothie-Beginner seid, nehmt nicht zu viel Gemüse am Anfang, sondern mehr frisches Obst und verschiedene Kräuter. Alle Zutaten in einen Standmixer oder Smoothie-Maker geben, mixen, fertig.

Portrait © Philipp Dangl / Rezepte © Barbara Sattler

Chocolate Oatmeal

Ein Schlemmerfrühstück, das sich am besten noch im Bett genießen lässt.

Mein Name ist Katharina...

... und ich bin ein Super-Foodie und eine Frühstücksenthusiastin aus der Steiermark. Das sieht man auch auf meinem Blog, der sich zusätzlich noch ums Reisen dreht. Mir macht es Spaß, mit neuen Zutaten zu experimentieren von denen ich weiß, dass sie meinem Körper gut tun. Smoothie-Bowls sind meine große Leidenschaft, aber Haferflocken meine erste Liebe!

Katharina Kothgasser | www.curlsnchard.com

Über mein Rezept:

Wer hätte nicht gerne Schokolade zum Frühstück? Dieses schokoladige Oatmeal hat echte Superkräfte, denn es liefert dir den Schokogeschmack, der obendrein auch noch gesund ist. Maca bringt Energie für einen schwungvollen Tag mit einem leichten Karamell-Aroma. Schokolade und Karamell, muss ich noch mehr sagen?

EINFACH SCHLEMMEN, SONNTAGMORGEN, SCHMECKT EINFACH GUT

CHOCOLATE OATMEAL

(1-2 Portionen)

Du brauchst:

1/2 Tasse Haferflocken
1 ½ Tassen Pflanzenmilch, z.B.: Reismilch
2 EL Feinstoff Power Kakao
1 TL Macapulver
Toppings: Hanfsamen, Pekannüsse, Kokos Chips, Himbeeren und Kakao Nibs

So geht's:

Haferflocken mit der Flüssigkeit gemeinsam aufkochen lassen. Hitze reduzieren und unter Rühren zu einem cremigen Brei verkochen lassen. Topf vom Herd nehmen. Kakao- und Macapulver dazugeben und gemeinsam mit Hanfsamen, Nüssen, Kokos Chips und Kakao Nibs anrichten und servieren.

Very Green Smoothie Bowl

Die herzhafte Variante eines Green Smoothies für Kenner.

VERY GREEN
SMOOTHIE BOWL
(1-2 Portionen)

Du brauchst:

1 ½ Avocados
4 EL Haferflocken
1 EL Chiaprotein
1 EL Kale Pulver
1 EL Feinstoff Green Smoothie
150-200 ml Pflanzenmilch,
z.B.: Cashewmilch
100 g Spinat, tiefgekühlt und angetaut
1 EL Ahornsirup
Toppings: Hanfsamen, Nüsse und Kakao Nibs

So geht's:

Haferflocken und Chiaprotein gemeinsam in einen Standmixer geben und zerkleinern. Avocado, Spinat und ca. 150 ml pflanzliche Milch dazugeben. Einige Sekunden mixen, bis der Smoothie glatt ist und nur mehr kleine Spinatfleckchen zu sehen sind. Kale Pulver und die grüne Superfood-Mischung sowie Ahornsirup, bei Bedarf noch etwas pflanzliche Milch, in den Smoothie hinzufügen. Noch einmal kräftig mixen und in einer Schüssel mit Hanfsamen, Nüssen und Kakao Nibs anrichten.
Tipp: Lieber etwas mehr Flüssigkeit verwenden.

Katharina Kothgasser | www.curlsnchard.com

Über mein Rezept:

Ein richtig grüner Smoothie für Fortgeschrittene. Mit Avocado als Grundlage statt Banane ist die Very Green Smoothie Bowl weniger süß, dafür aber unheimlich cremig. Für mehr Süße sorgen etwas Ahornsirup oder auch Datteln.

DETOX, ABNEHMEN, GUT FÜR DIE KNOCHEN

Portrait © Edgar Rivas / Rezepte © Katharina Kothgasser

Wake-me-up Green Bowl
mit Protein Granola

Für einen energiegeladenen und balancierten Start in den Tag.

Hi, mein Name ist Lisa,

und ich schreibe mit großer Leidenschaft auf meinem Blog The Green Bowl. Ich beschäftige mich mit gesunder, pflanzenbasierter Ernährung und kreiere jede Menge leckere Rezepte für eine ausgewogene Ernährung. Zudem veröffentliche ich Beiträge mit Tipps zu gesunder Ernährung, natürlicher Körperpflege und allerlei Gedanken, die für mich zu einem gesunden Lebensstil dazugehören.

Lisa K. | www.thegreenbowl.at

Über mein Rezept:

Wer noch keine Bekanntschaft mit grünen Smoothies oder selbst gemachten Knuspermüslis gemacht hat, für den ist es spätestens jetzt an der Zeit, den eigenen Frühstückshorizont zu erweitern: Ausgewogene Nährstoffe, natürliche Süße und ein toller Mix aus flüssigen und knusprigen Elementen machen die Wake-me-up Green Bowl mit Granola zu einer der größten Verlockungen am Morgen! Die Mischung von Zimt im Granola und frischem Ingwer im Smoothie wirkt sich außerdem verdauungsfördernd und nach ayurvedischem Prinzip energetisierend aus. Besser kann man einen Tag wohl nicht starten!

HANGOVER, GEMEINSAM ESSEN, SONNTAGMORGEN

WAKE-ME-UP GREEN BOWL MIT PROTEIN GRANOLA

(1 Portion)

Du brauchst:

1 Banane
2 Stückchen Spinat, tiefgekühlt und angetaut
1 Handvoll Feldsalat, z.B.: Vogerlsalat
1 cm frischer Ingwer
4 große Basilikumblätter
1/2 Gurke
1 TL Moringablattpulver
Saft von 1/2 Zitrone
125 ml Wasser

So geht's:

Die Banane und die Gurke in Stücke schneiden. Alle Zutaten in einen Standmixer geben und cremig pürieren. Nach Belieben etwas mehr Zitronensaft hinzufügen. Den Smoothie in eine Schüssel füllen und mit dem Superfood Protein Granola anrichten.

Superfood Protein Granola

Das süße Knusperfrühstück ganz einfach selbstgemacht.

SUPERFOOD
PROTEIN GRANOLA
(für 1 Backblech)

Du brauchst:

1 Tasse Haferflocken
1 Tasse Buchweizen
1/2 Tasse Sonnenblumenkerne
2 EL Chiasamen
2 EL Feinstoff Green Protein
2 EL Ahornsirup
2 EL Kokosöl
1 Handvoll Rosinen
1 Handvoll Kokos Chips
1 Prise Zimt
1 Prise Salz

So geht's:

Ofen auf 170°C Ober- und Unterhitze vorheizen. Alle trockenen Zutaten und Gewürze, ausgenommen die Kokos Chips, in einer Schüssel vermengen. Kokosöl zum Schmelzen bringen, mit Ahornsirup verrühren und zu den trockenen Zutaten geben. Gut durchmischen und die Masse gleichmäßig auf einem Backblech mit Backpapier verteilen. Für 15 Minuten im Ofen backen. Hin und wieder wenden, damit das Granola von allen Seiten gebräunt wird. Erst in den letzten 5 Minuten die Kokos Chips mitbacken. Das Granola auskühlen lassen und in einem luftdichten Behälter lagern.

Lisa Kirchgatterer | www.thegreenbowl.at

alle Bilder © www.the

Morning Glory Energieriegel

Superschnell zubereitet und einige Tage haltbar sind die Frühstücksriegel perfekt für unterwegs.

Hallo!

Ich bin Maren und wenn ich auf zwei Sachen nicht verzichten kann, dann sind das gutes Essen und Bewegung! Ich liebe das Kochen, Backen und natürlich das Essen hinterher – das Ausprobieren von neuen Rezepten begeistert mich – am liebsten mit außergewöhnlichen Zutaten. Mein Herz schlägt außerdem für Yoga und in diesem Rahmen interessiere ich mich auch für Ayurveda – ich merke jeden Tag aufs Neue, wie positiv sich ayurvedische Tipps und Tricks auf meinen Alltag auswirken.
Be Happy!

Maren Dresen | www.instagram.com/eatlivevegan

Über mein Rezept:

Wenn es morgens schnell gehen muss, liebe ich die kleinen Kraftriegel zum Frühstück, aber auch als kleiner Snack zwischendurch sind sie perfekt. Ich lagere die Riegel eingeschlagen in Butterbrotpapier in einer Dose im Gefrierfach – vor dem Verzehr müssen sie also aufgetaut werden. Was die Zutaten betrifft, sind der Fantasie keine Grenzen gesetzt: Einfach die Lieblingsnuss, das liebste Trockenobst und die bevorzugten Getreidesorten verwenden.

SPORT, PROTEIN, TO GO

MORNING GLORY ENERGIERIEGEL
(für ca. 5-10 Riegel)

Du brauchst:

150 g Dinkelflocken
80 g Haselnüsse
50 g Walnüsse
50 g Kokosflocken oder Kokosraspeln
50 g Leinsamen
1 ½ EL Dattelsirup oder Süße nach Wahl
2 EL Apfelmark
1 EL Feinstoff Iron Magic
120 g Haselnussmus
1 TL Zitronensaft
1-2 EL Kokosöl

So geht's:

Ofen auf 180°C vorheizen. Alle Zutaten nacheinander in einen Standmixer geben und gut verarbeiten, bis eine formbare Masse entsteht. Wenn die Mischung zu trocken ist, etwas Wasser oder Kokosöl zufügen. Kleine Plätzchen formen und auf ein Backblech mit Backpapier setzen. Für 10-15 Minuten kurz backen und abkühlen lassen.
No-bake Tipp: Die Energieriegel können auch roh in Form gebracht und gegessen werden.

Chai Smoothie Bowl

Das wärmende Winterfrühstück entfacht dein Verdauungsfeuer, wirkt beruhigend und erdend.

CHAI SMOOTHIE BOWL
(1 Portion)

Du brauchst:

4 Teebeutel Chai
500 ml Wasser
150 ml Kokoswasser
100 ml Mandeldrink
2 reife Bananen
1 TL Feinstoff Agni Rise
1 Messerspitze Kardamom
Toppings: Bananen Chips oder Kokosflocken

So geht's:

Die Teebeutel mit 500 ml heißem Wasser aufgießen und 10 Minuten ziehen lassen. Im Standmixer ca. 150 ml Chai mit den Bananen gut durchmixen. Mandeldrink und Kokoswasser sowie die Gewürze hinzufügen und nochmals kurz aufschäumen. In eine Schüssel geben, mit Bananen Chips bestreuen und genießen! Den restlichen Chai einfach dazu schlürfen. *Tipp:* Wenn du dich erkältet fühlst, die Banane lieber weglassen oder durch Bananenpulver ersetzen.

Maren Dresen | www.instagram.com/eatlivevegan

Über mein Rezept:

Seitdem ich in Südostasien war, bin ich ein absoluter Fan von Kokoswasser geworden, egal ob pur oder wie in diesem Rezept im Smoothie. Das Kokoswasser macht den Smoothie super erfrischend und vitalisierend, ist aber dennoch wärmend durch die Gewürze. Die Chai Smoothie Bowl ist auch ein feines Essen für einen gemütlichen Winterabend! Denn ein guter Tag beginnt bekanntlich mit einem guten Abend :)

alle Bilder © Maren Dresen

No-bake Schoko Erdnuss Power Riegel

Egal, ob zwischendurch, für den Sport am Morgen oder die Extraportion Energie am Vormittag, die Power Riegel schmecken immer gut.

Hi!

Mein Blog Bowsessed ist mein persönliches Plätzchen im Internet für alle Lifestyle-bezogenen Themen, mit denen ich mich gerne beschäftige und die mich glücklich machen. Ich liebe es, in der Küche zu experimentieren, klassische Rezepte neu zu interpretieren, oftmals gesund, manchmal vegan oder glutenfrei, aber immer köstlich! Meine erfolgreichen Versuche halte ich so für die Ewigkeit fest und teile sie gerne mit meinen Lesern. Fotografie und die Liebe zum Detail spielen für mich eine bedeutende Rolle, denn das Auge isst ja bekanntlich mit ...

Viktoria Scharer | www.bowsessed.com

Über mein Rezept:

Meine Power Riegel mit Rohkakao und Erdnüssen sind ein gesunder, süßer Sattmacher für zwischendurch oder auch für unterwegs, vor allem aber für ein feines, schnelles Frühstück, wenn man einmal zu oft auf den Snooze-Button gedrückt hat.
Sie sind köstlich schokoladig und die Zugabe von Hanfprotein und Macapulver machen sie zu einer wahren Power-Quelle.

MEDITATION & YOGA, SPORT, TO GO

NO-BAKE SCHOKO ERDNUSS POWER RIEGEL

(6 Stück)

Du brauchst:

100 g Haferflocken
100 g Datteln, entsteint
200 ml Wasser
1 TL gemahlener Zimt
1 Messerspitze gemahlene Nelken
1 Messerspitze gemahlener Kardamom
1 Prise Salz
30 g ungesalzene Erdnussbutter
30 g Agavendicksaft oder Honig
2 EL Chiasamen
2 EL gepoppter Amarant
1 EL Macapulver
1 EL Hanfprotein
20 g Rohkakao
30 g ungesalzene Erdnüsse
2 EL Goji Beeren

So geht's:

Ein Backblech mit Backpapier auslegen. Die Haferflocken auf dem Backblech verteilen und für ca. 15 Minuten rösten. Währenddessen in einem Kochtopf Wasser mit Datteln auf mittlerer Hitze zum Köcheln bringen und so lange kochen lassen, bis sie weich sind und auseinanderfallen. Zimt, Kardamom, Nelken und eine Prise Salz, Erdnussbutter und Süße dazugeben und alles pürieren. Masse beiseite stellen. In einer großen Schüssel die abgekühlten Haferflocken, Chiasamen, gepoppten Amarant, Macapulver, Hanfprotein, Rohkakao, Erdnüsse und Goji Beeren vermengen. Die Dattelpaste darüber gießen und mischen, bis alles gleichmäßig bedeckt ist. Eine Kasserolle mit Backpapier auslegen und die Masse darin ausstreichen und fest andrücken. Für 30 Minuten im Kühlschrank ruhen lassen und anschließend in sechs Riegel schneiden.

Tipp: Die Riegel sollten in einem luftdichten Behälter im Kühlschrank aufbewahrt werden.

© Viktoria Scharer

Frühstücks Cookies
mit Bananen & Kakao

Mehr Leistungsfähigkeit und Power am Morgen – gesund, lecker und schnell gemacht.

Hi!

Ich bin eine Food-, Fitness- und Lifestylebloggerin aus Stuttgart und liebe es, neue Rezepte zu probieren. Ich treibe viel Kraftsport, weshalb mein Körper viel gesundes, energiereiches Essen benötigt. Superfoods sind für mich kleine „Wunderhelfer", die schon in geringen Mengen die geballte Ladung an Vitaminen und Co. liefern.

Elena B. | www.trainhard-eatwell.com

Über mein Rezept:

Die Cookies geben aufgrund der vielen Kohlenhydrate Energie am Morgen und können leicht für mehrere Tage im Voraus vorbereitet werden. Somit sind sie auch super für das Büro, die Arbeit, Schule oder Uni geeignet. Es werden nur natürliche Zutaten verwendet, die für den Körper bestens verträglich sind.

ENERGY, SPORT, TO GO

FRÜHSTÜCKS COOKIES MIT BANANEN & KAKAO

(12 Stück)

Du brauchst:

50 g Datteln
20 g Feinstoff Power Kakao
2 EL Chiasamen
100 g Haferflocken
1 ½ Bananen

So geht's:

Backofen auf 180°C vorheizen. Chiasamen in 1/8 Liter Wasser 10 Minuten quellen lassen. Bananen mit einer Gabel zerdrücken und Datteln klein hacken. Mit den restlichen Zutaten vermischen und aus der Teigmasse kleine Kekse formen. Grillrost mit Backpapier auslegen, Cookies darauf setzen und 15-20 Minuten backen.
Tipp: Mit sehr reifen Bananen werden die Cookies noch süßer und lassen sich auch leichter verarbeiten.

Portrait © www.trainhard-eatwell.com

Australische Frühstücks Bowl
mit Acai & Kokoswasser

Das klassische Surfer-Frühstück aus Down Under.

Hi, ich bin Zoe,

Crossfitterin und Wellness Bloggerin aus Australien. Mein Blog „Wildblend" zielt darauf ab, zu einem aktiven, glücklichen und gesunden Lebensstil zu inspirieren und möglichst unverpackte, natürliche Nahrungsmittel zu konsumieren. Meine Rezepte basieren auf frischen, saisonalen Zutaten und stellen unverarbeitete, vollwertige Bio-Produkte in den Mittelpunkt.

Zoe Raissakis | www.wildblend.co

Über mein Rezept:

Superfoods stehen in Australien schon lange hoch im Kurs und die leckeren Acai-Bowls gibt es bereits an jeder Ecke. Die Acai Beere wird mit gefrorenen Bananen und Beeren zu einem fruchtigen Püree vermischt und mit reichlich frischen Früchten, Nüssen, Samen und Kokosflocken serviert. Die Super-Bowls lassen deinen Teint strahlen, helfen beim Abnehmen und schmecken auch noch gut.

ABNEHMEN, IMMUNSTÄRKEND, REGENERATION

AUSTRALISCHE FRÜHSTÜCKS BOWL MIT ACAI & KOKOSWASSER

(2 Portionen)

Du brauchst:

2 Bananen
1/2 Becher gemischte Tiefkühl-Beeren, z.B. Blaubeeren, Erdbeeren, ...
1/4 Becher Kokoswasser
3 EL Acaipulver
1 TL Agavensüße
Toppings: 2 EL Chiasamen, 2 EL Granolas und beliebige Früchte wie z.B. Erdbeeren, Banane, Kiwi und Blaubeeren

So geht's:

Alle Zutaten in einer Küchenmaschine oder einem Standmixer zu einer cremigen Masse verrühren. Fruchtmus in eine Schüssel geben und mit Granola, Erdbeeren, Blaubeeren, Chiasamen und Kiwi garnieren.
Tipp: Schmeckt auch sehr gut mit einer Portion Mandelmus oder Kokos Chips als Toppings.

Immunstärkender Quinoaporridge mit Kokos

Die kleine Köstlichkeit für kalte Tage.

QUINOAPORRIDGE
MIT KOKOS
(2 Portionen)

Du brauchst:

1 ½ Tassen dreierlei Quinoa, vorgekocht
3/4 Tasse Kokosmilch
1 TL Macapulver
1 TL Kurkuma
2 TL Dattelsüße oder Agavensirup

So geht's:

Quinoa und Kokosmilch zum Kochen bringen und auf niedriger Stufe 4-5 Minuten köcheln lassen. Kurkuma, Maca und Dattelsüße einrühren und noch 2 Minuten ziehen lassen. Porridge in eine Schale geben und mit Mango oder Banane servieren. Bei Bedarf kann auch noch extra Kokosmilch obendrauf gegossen werden.

Zoe Raissakis | www.wildblend.co

Über mein Rezept:

Der Quinoaporridge ist eine glutenfreie Alternative zum klassischen Haferporridge. Mit Kokosmilch wird der Porridge besonders cremig und nahrhaft. Kurkuma und Maca verwandeln dieses Kraftfrühstück in eine abwehrkraftstärkende Köstlichkeit, die vor allem auch in der kälteren Jahreszeit wärmt und schmeckt.

IMMUNSTÄRKEND, REGENERATION, FÜR DEN GROSSEN HUNGER

Schoko Bananen Pfannkuchen

Herrlich flaumige Pfannkuchen für das entspannte Frühstück zu Zweit.

SCHOKO BANANEN
PFANNKUCHEN
(für ca. 7 Pfannkuchen)

Du brauchst:

2 Leinsamen-Eier
(aus 2 EL geschroteten Leinsamen und 6 EL Wasser)
1/2 Tasse Buchweizenmehl
1 TL Backpulver
1 reife Banane
2 TL Rohkakao
2 TL Bananenpulver
2 TL Dattelsüße oder Agavensirup
1/2 Tasse Kokosmilch oder Pflanzenmilch nach Wahl
Kokosöl zum Herausbacken

Toppings: Kokosjoghurt, vegane Schokosauce oder Nussbutter und viel frisches Obst der Saison

So geht's:

Für die Leinsamen-Eier die geschroteten Leinsamen mit Wasser anrühren und mindestens 30 Minuten quellen lassen. Die trockenen Zutaten in einer Schüssel vermischen. Die restlichen Zutaten mit den Leinsamen-Eiern verschlagen und mit der Mehlmischung zu einem cremigen Teig verrühren. Die Masse soll relativ zäh und klebrig sein. Kokosöl in einer beschichteten Pfanne erhitzen und den Teig portionsweise (1/4 Tasse als Maß nehmen) hinein geben und zu Kreisen ausformen. Bei mittlerer Temperatur so lange braten, bis die Oberseite von Bläschen übersät ist, erst dann wenden. *Tipp:* Die Pfannkuchen sind durch, wenn sie sich leicht wenden lassen. Mit Kokosjoghurt, veganer Schokosauce oder Nussbutter und frischem Obst servieren.

Zoe Raissakis | www.wildblend.co

Über mein Rezept:

Zum perfekten Sonntagsfrühstück gehören flaumige Pfannkuchen – am besten mit frischen Beeren und cremigem Joghurt. Bananen liefern reichlich Kalium und Magnesium, die für die Funktion von Muskeln und Nerven sowie für die Energiegewinnung wichtig sind. Das macht diese veganen Pfannkuchen zum idealen Frühstück, wenn du einmal viel Kraft für den Tag brauchst.

SONNTAGMORGEN, GEMEINSAM ESSEN, SCHMECKT EINFACH GUT

alle Bilder © www.wildblend.co

Pancakes
mal anders

Vegan schmeckt's einfach besser.

Hey!

Obwohl ich ein Mädchen bin, trage ich den Vornamen Kai. Seit nun vier Jahren lebe ich vegan – die wohl beste Entscheidung in meinem Leben. Das Experimentieren mit veganen Lebensmitteln beweist mir jeden Tag aufs Neue, dass die vegane Küche alles andere als einseitig ist – ganz im Gegenteil – sie ist aufregend und abwechslungsreich. Aus „ein bisschen Ausprobieren" wurde eine Leidenschaft, die ich nun mit all meinen Lesern auf meinen Blogs teile.

Kai Nora Fuis | www.elephantsarevegan.tumblr.com | www.instagram.com/knfx

Über mein Rezept:

Die meisten von uns verbinden Pancakes wahrscheinlich mit dem süßen, amerikanischen Frühstücksklassiker schlechthin. Da ich selbst eine große Pancakes-Liebhaberin bin, habe ich durch langes Experimentieren mit den verschiedensten Zutaten ein veganes, ayurvedisch-angehauchtes Rezept kreiert, dass nicht nur ein natürlicher Eiweiß- und Ballaststofflieferant ist, sondern auch glutenfrei nachgebacken werden kann. Somit eignen sich die Pancakes sowohl für Genießer und Sportler, als auch für Allergiker.

REGENERATION, FÜR DEN GROSSEN HUNGER, SCHMECKT EINFACH GUT

PANCAKES MAL ANDERS

(für 1 Person mit großem Hunger)

Du brauchst:

60 g rotes Linsenmehl
25 g Hafervollkornmehl
15 g Buchweizenvollkornmehl
1 TL Backpulver
1 TL Feinstoff Agni Rise
Zimt
Vanille
1/2 große Banane
140 ml Pflanzenmilch
1 EL Dattelsirup oder Ahornsirup
Toppings: Nussmus, Ahornsirup und frisches Obst

So geht's:

Alle trockenen Zutaten miteinander vermengen. Die Banane mit einer Gabel zerdrücken und zusammen mit der Pflanzenmilch und dem Dattelsirup zu den trockenen Zutaten geben. Mit einem Löffel solange verrühren, bis keine Klümpchen mehr übrig sind. Eine Pfanne auf mittlerer Hitze erhitzen und bei Bedarf einen Esslöffel Pflanzenöl zum Ausbacken der Pancakes hinzugeben. Nun wird jeweils ein großer Esslöffel Teig in die Pfanne gegeben. Sobald Luftbläschen an der Oberfläche zu sehen sind, können die Pancakes mit einem Pfannenwender gedreht werden, bis sie von allen Seiten gleichmäßig braun sind. Mit Nussmus, Ahornsirup oder frischem Obst servieren.

Portrait © Aljaž Fuis / **Rezept** © Kai Nora Fuis

Polenta Mohn Schmarren

Der Frühstücksklassiker neu interpretiert.

Hallo, ich bin Julia!

Ich bin 24 Jahre jung und komme aus Süddeutschland. Meine Leidenschaft für gesunde, vegane Ernährung und bunte Teller habe ich schon früh entdeckt. Eigentlich war Ernährung, die Biologie des Menschen, aber auch ein nachhaltiger Lebensstil im Einklang mit unserer Umwelt immer mein Interessensschwerpunkt. Superfoods sind für mich im Rahmen einer vollwertigen, veganen Ernährung der Extrakick an Pflanzenpower. Im Idealfall schmecken sie außerdem auch noch „tierisch" lecker ;)

Julia Grytzik | www.instagram.com/clean_body_

Über mein Rezept:

Diese glutenfreie Alternative zum österreichischen Kaiserschmarren – verfeinert mit Mohn – verzückt mit den wärmenden Aromen von Trikatu, Ashwagandha, Zimt, Kardamom und Vanille. Ein herzhafter Start in den Tag, wenn es etwas deftiger sein darf. Nach ayurvedischer Lehre bringt ein warmes Frühstück dein Verdauungsfeuer so richtig in Schwung. Dieser innovative Schmarren sorgt garantiert für kreative Abwechslung auf dem Frühstücksteller.

SONNTAGMORGEN, ENERGY, GUTE LAUNE

POLENTA MOHN SCHMARREN

(für 2 Personen oder
1 hungrigen Frühstücker :))

Du brauchst:

130 g Polenta Grieß
450 ml Wasser
50 g Mohn, gemahlen
1 TL Vanille
1 Prise Salz
180 ml Kokos-Reismilch
1-2 TL Feinstoff Agni Rise
2 EL Kokosblütensirup
1-2 EL Kokosöl
Toppings: Nussmus, Himbeeren und Kokosblütensirup

So geht's:

Wasser aufkochen. Grieß, Vanille und Salz langsam einrühren. Bei niedriger Hitze 2 Minuten köcheln lassen und ständig rühren. Milch zufügen. Hitze abschalten und weitere 5 Minuten rühren. Restliche Zutaten, außer Kokosöl, zugeben und zudeckt ca. 5-10 Minuten quellen lassen. In einer großen Pfanne Kokosöl erhitzen. Polenta-Sterz in der Pfanne glattstreichen und bei mittlerer Hitze auf beiden Seiten 5-7 Minuten braten. Anschließend zu einem Schmarren zerstoßen und die kleinen Stücke anbräunen lassen. Den fertigen Schmarren in Schälchen anrichten, mit Nussmus, Kokosblütensirup und frischen Beeren servieren.

alle Bilder © Julia Grytzik

Avoghurt

Traumhaft cremiges Pflanzenjoghurt
einfach selbstgemacht.

Hallo, mein Name ist Martina

und recht früh habe ich erkannt, wenn ich mich bewusst ernähre, bin ich leistungsfähiger, sowohl physisch als auch mental. Ich erkannte, dass ich allein verantwortlich für mein Wohlbefinden bin und begann vor etwa drei Jahren öffentlich darüber zu sprechen und meine Erfahrung mit Interessierten zu teilen. Nun gebe ich Talks und Workshops zum Thema bewusste Ernährung und möchte euch inspirieren und zeigen, dass es für alle möglich ist, sich wohl zu fühlen.

Martina Wastl | www.pranakitchen.wordpress.com

Über mein Rezept:

Als ich mich entschied, Milchprodukte von meiner Einkaufsliste zu streichen, war wohl Joghurt am schwierigsten loszulassen. War es doch immer so schön cremig, erfrischend, süßlich und mit dieser herrlichen Vanillenote. Wie konnte ich diese Kombination ersetzen ohne dabei auf stark verarbeitete Sojaprodukte zurückgreifen zu müssen? Guacamole kam mir in den Sinn, die Textur fast perfekt, die Gewürze müsste man noch anpassen, und aus einer Idee erwuchs eine Leidenschaft.

ENERGY, STÄRKT DIE NERVEN, SCHMECKT EINFACH GUT

AVOGHURT

(1 Glas)

Du brauchst:

1/2 reife Avocado
1/2 Banane
1/2 Tasse ganze Mandeln, eingeweicht für mind. 4 Stunden
200 ml Wasser
1 TL Feinstoff Agni Rise
1 EL Chiasamen
Toppings: Pekannüsse, Kakao Nibs oder einfach dein Lieblingsobst

So geht's:

Mandeln einweichen, Wasser abgießen und die Mandeln mit frischem Wasser im Standmixer zu einer flüssigen Masse verarbeiten. Durch ein feines Sieb gießen. Mandelmilch mit Banane, der ayurvedischen Superfood-Mischung und Avocado cremig pürieren. Chiasamen in das Avoghurt rühren und Toppings drüber streuen.

Kokosomelette
mit Gemüsefüllung

Für den großen Hunger oder einen ausgedehnten Brunch mit Freunden.

KOKOSOMELETTE
MIT GEMÜSEFÜLLUNG
(4 Omelettes)

Du brauchst:

1/2 Tasse Mandelmehl
1/2 Tasse Tapiocamehl
(gibt's im Asia Supermarkt)
1/4 Tasse Kokosraspeln
3/4 Tasse Wasser
1 cm frischer Ingwer
1/2 Tasse frischer, gehackter Koriander
1/2 TL Kurkuma
1 TL Feinstoff Detox Power
1 Prise Salz und Pfeffer
1 Stück Lauch
Kokosöl
Für die Füllung: frisches, saisonales Gemüse nach Belieben, z.B. Karotte und Kohlrabi, fein gerieben und etwas klein gehackter Spinat

So geht's:

Die Kokosraspeln werden in einer Kaffeemühle pulverisiert und für mindestens 20 Minuten in 200 ml Wasser eingeweicht. Die selbstgemachte Kokosmilch mit Mandel- und Tapiocamehl zu einem glatten Teig verrühren. Salz, Ingwer, Koriander, Kurkuma und die ayurvedische Superfood-Mischung unterrühren.
Bei Bedarf Wasser zugeben, die Masse sollte sich in der heißen Pfanne leicht verteilen lassen. Während der Teig kurz ruht, Lauchringe in Kokosöl anschwitzen und in den Teig mischen. Bei mittlerer Hitze 1 TL Kokosöl in die Pfanne geben. Jeweils 1/4 des Teiges in der Pfanne glatt streichen und von beiden Seiten goldbraun braten. Vor dem Servieren das Omelette mit Gemüse füllen.

Martina Wastl | www.pranakitchen.wordpress.com

Über mein Rezept:

Ursprünglich war dieses Rezept ein Paleo-Experiment. Als dieser Trend aufkam, war ich skeptisch, aber dennoch neugierig und mittlerweile hat das Kokosomelette einen Fixplatz in meinem Kochrepertoire. Angefangen hat es mit einer Einladung bei einer brasilianischen Freundin. Sie hat mir ein typisches Gericht aus ihrer Heimat serviert – Tapioca – und war völlig überrascht, dass ich diese Zutat nicht kannte. Tapiocamehl wird mit Hitze klebrig und ganz neue Möglichkeiten entstehen dadurch, lasst euch überraschen.

SONNTAGMORGEN, FÜR DEN GROSSEN HUNGER, EINFACH SCHLEMMEN

Portrait © Alicja Marczewska / Rezept © Jennifer Carr

Vollkornbrötchen mit Hummus

Für den großen Hunger oder einen ausgedehnten Brunch mit Freunden.

#1 Weekend **Brunch** Rezept

Hey, ich heiße Anna

und gesunde Ernährung, Superfoods und eine positive Lebenseinstellung gehören für mich zu einem glücklichen Leben einfach dazu. Als Veganerin hört man oft: „Da kannst du ja gar nichts mehr essen!" Oder: „Was isst du da den ganzen Tag?!" Ich wollte den Leuten zeigen, was ich den ganzen Tag so esse und habe einen Instagram-Blog gestartet. Heute nutze ich meinen Blog, um meiner Kreativität freien Lauf zu lassen und anderen zu zeigen, wie vielfältig veganes Essen sein kann.

Anna Jäger | www.instagram.com/_veganna_

Über meine Rezepte:

Porridge oder sogenannte Overnight-Oats stehen unter der Woche fast täglich auf meinem Speiseplan, weil sie so vielfältig und gut mit Superfoods kombiniert werden können. An den Wochenenden liebe ich ein ausgedehntes und ausgiebiges Frühstück und da dürfen pikante Speisen, wie zum Beispiel Superfood Sandwiches mit Guacamole, Vollkorn-Wraps oder Quinoa-Makis nicht fehlen. Wenn das Frühstück einfach und schnell gehen soll, bereite ich mir ein leckeres Sandwich mit Hummus oder Guacamole und viel frischem Gemüse zu.

ENERGY, PROTEIN, SPORT

VOLLKORNBRÖTCHEN MIT HUMMUS

(für 2 Brötchen)

Du brauchst:

4 Scheiben Vollkornbrot
2 Handvoll Rucolablätter
1/2 Melanzani
1 Zucchini
4 Cherrytomaten
1 Handvoll Mungobohnensprossen
Olivenöl
Salz und Pfeffer
Für das Hummus-Basisrezept:
1 Glas Kichererbsen, abgetropft
100 ml Wasser
2 EL Sesam
2 grob gehackte Knoblauchzehen
Saft von 1/2 Zitrone
1/2 TL Salz
1 Messerspitze Koriander
1 TL Hanfprotein

So geht's:

Alle Zutaten für den Hummus in den Standmixer geben und fein pürieren, bis die Masse schön cremig ist. Gemüse waschen. Cherrytomaten sowie Melanzani in dickere Scheiben schneiden. Zucchini der Länge nach in Streifen schneiden. Melanzanischeiben und Zucchinistreifen mit Salz und Pfeffer würzen und in einer Grillpfanne mit Olivenöl auf beiden Seiten ca. 2-3 Minuten anbraten. Wer möchte, kann die Vollkornbrotscheiben kurz in der Pfanne toasten und nach Lust und Laune mit Hummus und Gemüse füllen.

#2 Weekend **Brunch** Rezept

Superfood Sandwiches mit Guacamole & Birnen

Anna Jäger | www.instagram.com/_veganna_

FÜR DEN GROSSEN HUNGER, ENERGY, GUTE LAUNE

SUPERFOOD SANDWICHES MIT GUACAMOLE & BIRNEN

(2 Sandwiches)

Du brauchst:

4 Scheiben Roggenvollkornbrot
2 Handvoll Spinat
1 Birne
1 Karotte
1 rote Paprika
Optional: einige Streifen gekochte Rote Bete
Für die Guacamole:
2 reife Avocados
1/2 kleine rote Zwiebel
2 Tomaten
1/2 frische Chili, nach Geschmack
1/2 Bund frischer Koriander
Saft von 1 Limette
1 TL Moringablattpulver
Salz und Pfeffer

So geht's:

Die Birne in Scheiben schneiden und das Kerngehäuse entfernen. Paprika in dünne Streifen schneiden. Für die Guacamole Zwiebel schälen und mit der Chili fein hacken. Die Avocados halbieren und das Fruchtfleisch mit einem Löffel aus der Schale lösen. Mit einer Gabel zu einem feinen Mus zerdrücken. Die Tomaten in sehr feine Würfel schneiden. Je nach Geschmack, einen halben Bund frischen Koriander fein hacken. Zwiebel, Chili, Tomatenwürfel, Koriander, Limettensaft und Moringablattpulver mit dem Avocadomus gut vermengen und mit Salz und Pfeffer abschmecken. Die Sandwichscheiben mit Guacamole bestreichen, mit den übrigen Zutaten belegen und zusammenklappen. Gut festdrücken und mit einem Spießchen oder Zahnstocher fixieren.

#3 Weekend **Brunch** Rezept

Quinoa-Makis
mit Birne & Lauch

Anna Jäger | www.instagram.com/_veganna_

SONNTAGMORGEN, GEMEINSAM ESSEN, ENTSPANNT DEINEN BAUCH

QUINOA-MAKIS MIT BIRNE & LAUCH

(10 Makis)

Du brauchst:

1 Tasse Quinoa
2 Tassen Wasser
1 EL Chiasamen
2 EL Reisessig
Salz
1 Birne
1 Avocado
ca. 20 cm Lauch
2 Noriblätter

So geht's:

Wasser in einem Topf zum Kochen bringen und den Quinoa darin 10 Minuten köcheln lassen. Lauch und Birne in feine Streifen schneiden. Die Avocado halbieren, den Kern entfernen und das Fruchtfleisch in Streifen schneiden. Quinoa mit Chiasamen und Reisessig vermengen, mit Salz abschmecken und auskühlen lassen. Die Noriblätter in zwei Hälften teilen und mit der glatten Oberfläche auf eine Sushi-Matte (aus Bambus) legen. 2-3 EL Quinoa auf ein Noriblatt verteilen und mit Lauch-, Birnen- und Avocadostreifen belegen. Das leere Ende des Noriblattes mit Wasser bestreichen. Mit der Sushi-Matte zusammenrollen, ordentlich zusammenpressen und mit dem befeuchteten Ende verkleben. Zum Schluss ein scharfes Messer in Wasser tauchen und die lange Rolle vorsichtig in kleine Makis schneiden (nicht zu fest andrücken).

Dinkel-Wraps
mit gegrillten Tofustreifen & Acai-Hummus

#4 Weekend **Brunch** Rezept

Anna Jäger | www.instagram.com/_veganna_

DINKEL-WRAPS MIT GEGRILLTEN TOFUSTREIFEN & ACAI-HUMMUS

(4 Wraps)

Du brauchst:

150 g Dinkelvollkornmehl
270 ml Pflanzenmilch
1 TL Backpulver
1/2 TL Natron
1 Prise Salz
Olivenöl
150 g Tofu
2 Handvoll Rucolablätter
2 Karotten
2 Frühlingszwiebeln
4 EL Sojasauce
Für den Acai-Hummus: siehe Hummus-Basisrezept (#1 Weekend Brunch Rezept)
sowie: 1 kleine Rote Bete und
1/2 TL Acaipulver

So geht's:

Für den Acai-Hummus die Rote Bete ca. 20 Minuten kochen. Danach schälen und in kleine Stücke schneiden. Mit den restlichen Zutaten für den Hummus (siehe Hummus-Basisrezept) im Standmixer zu einer feinen Masse pürieren. Für die Wraps Dinkelvollkornmehl, Backpulver, Natron und Salz vermengen. Pflanzenmilch hinzufügen und gut verrühren. In einer Pfanne Olivenöl erhitzen und aus einem Schöpfer Teig jeweils einen dünnen Teigfladen ausbacken. Gemüse waschen, Karotten und Frühlingszwiebeln in dünne Streifen schneiden. Tofu in dicke Streifen schneiden und in einer Pfanne mit Olivenöl scharf anbraten. Pfanne beiseite stellen und mit 4 EL Sojasauce ablöschen. Die Wraps mit Hummus bestreichen und mit Rucola, gerilltem Tofu sowie Karotten und Frühlingszwiebeln belegen. Mit Sojasauce abschmecken und einrollen.

FÜR DEN GROSSEN HUNGER, EINFACH SCHLEMMEN, PROTEIN

Portrait © Manuela Szedlarik / Rezepte © Anna Jäger

Sommerbrunch Salat

Die große Schüssel voller Superfoods
sorgt für gute Laune beim Sommerbrunch.

Hi, ich heiße Laura

und blogge auf Instagram über das gute vegane Leben. Gesundes und leckeres Essen, Beautyprodukte, Reisen und Citytrips, die ich unternehme – all das findest du auf meiner Seite. Gerade die vegane Küche ist sehr vielfältig und es gibt immer Neues zu entdecken. Für mich gehören Superfoods, neben frischen und vollwertigen Zutaten, einfach zu einem richtigen Essen dazu. Mit Superfoods lässt sich jedes Gericht schnell und einfach aufwerten.

Laura Herde | www.instagram.com/eco_not_ego

Über mein Rezept:

Der Sommerbrunch Salat ist eines meiner Lieblingsgerichte, wenn's für den Brunch mit Freunden mal wieder schnell gehen muss. Die meisten frischen Zutaten hat man sowieso schon im Kühlschrank vorrätig. Die Hülsenfrüchte koche ich meist am Wochenende in einer größeren Menge vor und bewahre sie über die Woche im Kühlschrank auf, so bleiben sie frisch und ich habe sie immer griffbereit. Was ich am liebsten an diesem Gericht mag? Es ist sehr einfach und schnell zubereitet, versorgt dich mit allen wichtigen Nährstoffen, liefert nach dem Workout nahrhaftes Protein, reinigt den Körper und hält lange satt – und außerdem schmeckt es unglaublich gut und leicht.

SONNTAGMORGEN, GEMEINSAM ESSEN, ENERGY

SOMMERBRUNCH SALAT

(1 Portion)

Du brauchst:

1/4 Kopfsalat
1/3 Gurke
1 kleine Karotte
1/2 Zucchini
1 Handvoll grüne Brechbohnen
je 1/2 rote und gelbe Paprika
1 Zwiebel
30 g Linsen
30 g weiße Bohnen
30 g Kichererbsen
50 g Räucher- oder Basilikum-Tofu
1/2 Avocado
Zitronensaft
Salz und Pfeffer
Für das Senf-Dressing:
1 EL Senf, mittelscharf
1 EL Agavendicksaft
100 g Sojajoghurt, ungesüßt
Dillspitzen, getrocknet
Ingwer, gemahlen
Chili-Flocken
1 EL Feinstoff Detox Power
1 EL Feinstoff Agni Rise

So geht's:

Die Hülsenfrüchte vorkochen, abtropfen und auskühlen lassen. Gemüse und Tofu klein schnippeln. In einer Pfanne mit etwas Kokosöl Zucchini, Paprika, Brechbohnen und Zwiebel leicht anbraten, abkühlen lassen und unter das restliche Gemüse mischen. Hülsenfrüchte zum Salat geben. Avocado halbieren, entkernen und mit Zitronensaft beträufeln. Mit Salz und Pfeffer abschmecken und mit einem Löffel die Avocado in kleinen Stücken in den Salat geben. Für das Senf-Dressing Senf, Agavendicksaft, Sojajoghurt, Gewürze und die ayurvedischen Superfood-Mischungen gut miteinander verrühren. Anschließend unter den Salat mischen – et voilà!

alle Bilder © Laura Herde

Kokos-Ingwersuppe mit Roter Bete

Die perfekte Wintersuppe
mit viel Vitamin C und Eisen.

Hallo, wir sind Dominik und Katharina.

In unserem Online Magazin Healthy Rockstar findet man alles rund um einen gesunden Lebensstil – Rezepte, Superfoods, Ernährungstipps sowie Artikel zu den Themen Sport, Lifestyle und natürliche Pflege. Als Freunde des Ayurveda freuen wir uns besonders, euch vier eigens kreierte Rezepte vorzustellen.

Dominik & Katharina | www.healthyrockstar.com

Über unser Rezept:

Die Powerknolle Rote Bete ist voll mit Vitaminen und Mineralstoffen. Für zusätzliches Eisen sorgt in diesem Rezept noch ein Mix aus Aronia, Amalaki, Acai, Brennnesseln und Heidelbeeren. Damit wird die Suppe zum wahren Kraftpaket für kalte Tage.

STÄRKT DIE NERVEN, FÜR DEN GROSSEN HUNGER, HANGOVER

KOKOS-INGWERSUPPE MIT ROTER BETE

(2-3 große Teller)

Du brauchst:

1 kleine Zwiebel
400 g Rote Bete
500 ml Gemüsebrühe
200 ml Kokosmilch
2 cm Ingwer, geschält
1 TL Zitronensaft
je 1/2 TL Kreuzkümmel, Koriander und Anis
1 TL Feinstoff Iron Magic pro Teller
Salz

So geht's:

Zwiebel und Rote Bete in Würfel schneiden. In der Gemüsebrühe mit den Gewürzen weich kochen. Kokosmilch und Limettensaft hinzufügen und salzen. Die Suppe glatt pürieren. In jeden Teller einen Teelöffel von der ayurvedischen Superfood-Mischung geben. Mit der Suppe aufgießen und gut verrühren.

Tipp: Die Suppe mit fein geschnittenen Rote Bete Blättern und etwas Kokosmilch garnieren.

Runner's High Smoothie

Für mehr Flow beim Laufen und Joggen.

Über unser Rezept:

Besonders für Ausdauersportler ist Pflanzengrün wichtig, denn es steckt voller Mineralstoffe. Gerade Gerstengraspulver, Tulsi und Spinat sorgen für den Extrakick. Zimt beugt potentiellen Entzündungen vor.

Dominik & Katharina | www.healthyrockstar.com

ENERGY, PROTEIN, SPORT

RUNNER'S HIGH SMOOTHIE

(1 Glas)

Du brauchst:

1/4 Avocado
1 kleine Mango
1 Handvoll Babyspinat
1 EL Feinstoff Green Smoothie
250 ml Ananassaft
etwas Zimt

So geht's:

Avocado und Mango schälen und vom Kern befreien. Spinat gut abwaschen. Alle Zutaten gemeinsam in einen Standmixer geben und so lange mixen, bis ein cremiger Smoothie entsteht. Bei Bedarf etwas mehr Ananassaft oder einen Schuss Wasser hinzugeben und nochmals kurz aufschäumen. Ist der Smoothie zu wenig süß, kann man noch ein bis zwei Datteln hinzufügen.

Tipp: Die Mango kann auch gegen andere exotische Früchte getauscht werden. Ananas und Papaya harmonieren auch sehr gut miteinander.

After Pump Smoothie

Beeren zur optimalen Regeneration.

Über unser Rezept:

Beeren enthalten wertvolle Antioxidantien und sind reich an Eisen und Vitamin C. Datteln sorgen für Kohlenhydrate und das Chiaprotein liefert wichtiges Eiweiß. Abgerundet mit Mandelmilch und Vanille schmeckt dieser Smoothie lecker cremig.

Dominik & Katharina | www.healthyrockstar.com

REGENERATION, PROTEIN, SPORT

AFTER PUMP SMOOTHIE

(1 Glas)

Du brauchst:

5 Medjool Datteln
150 g gemischte Beeren
1 TL Feinstoff Magic Berry
1 EL Chiaprotein
250 ml Mandelmilch
etwas Vanille

So geht's:

Datteln entsteinen und mit den restlichen Zutaten in einen Standmixer geben. Mixen, bis ein cremiger Smoothie entsteht. Bei Bedarf etwas mehr Mandelmilch oder Wasser zufügen. *Tipp:* Im Winter kann man auch tiefgekühlte Beeren verwenden und lässt sie leicht auftauen.

Grünes Pesto mit Kale

Frisch und grün in den Frühling starten.

GRÜNES PESTO MIT KALE

(1 kleines Glas)

Du brauchst:

1 kleine Zucchini
1 Knoblauchzehe
2-3 EL Sonnenblumenkerne
1 Handvoll Basilikumblätter
1 EL Limettensaft
1 EL Kale Pulver
1/2 TL Kreuzkümmel
Salz und Pfeffer

So geht's:

Zucchini und Knoblauch würfelig schneiden und in etwas Wasser dünsten. Sonnenblumenkerne in einer Pfanne ohne Öl anrösten. Alle Zutaten ausgekühlt in einen Standmixer geben und zu einem feinen Pesto verarbeiten. Bei Bedarf Wasser zugeben, um eine cremige Konsistenz zu erhalten.
Tipp: Als Resteverwertung kann man anstatt der Zucchini auch den Stiel eines Brokkolikopfs verwenden (vor dem Dünsten schälen).

Dominik & Katharina | www.healthyrockstar.com

Über unser Rezept:

Der italienische Klassiker kommt in diesem Rezept komplett ohne Öl aus, damit mehr Platz für viel Geschmack bleibt. Kale Pulver verleiht dem Pesto das gewisse Etwas und schmeckt besonders gut auf einem Vollkornbrötchen.

alle Bilder © Dominik Berger

Sommerrollen mit Mango, Avocado & Erdnuss-Dip

Für den großen Hunger oder einen ausgedehnten Brunch mit Freunden.

Hallo, mein Name ist Bianca-Olivia.

Ich bin gebürtige Kärntnerin, jedoch hat es mich vor einigen Jahren zum Studium der Filmproduktion nach Wien verschlagen. Während die Modewelt schon lange ein Teil von mir ist – einige kennen mich vielleicht von Austria's Next Topmodel – bin ich in der veganen Community noch Neueinsteigerin. Meine Rezepte sind daher sehr simpel und flott in der Zubereitung, die Zutaten leicht erhältlich. Mein Ziel ist es, mit meinem Blog den Spaß am veganen Lebensstil zu vermitteln und euch zu zeigen, wie unkompliziert und schnell man pflanzenbasiert kochen kann.

Bianca-Olivia K. | www.biancaolivia.com

Über mein Rezept:

Diese ursprünglich aus Vietnam stammenden Sommerrollen sind mein absolutes Lieblingsrezept im Sommer und nicht mehr von meinem Speiseplan wegzudenken. Der exotische Mix aus Mango, Avocado und Himbeeren schmeckt besonders erfrischend, macht satt und liegt nicht schwer im Magen.

ENERGY, EINFACH SCHLEMMEN, SCHMECKT EINFACH GUT

SOMMERROLLEN MIT MANGO, AVOCADO & ERDNUSS-DIP

(1 Person)

Du brauchst:

4 Blätter Reispapier
1/2 reife Mango
1 Avocado
1 Karotte
2 EL Himbeerpulver
1-2 TL Chiaprotein,
gemischt mit 1/8 Liter Wasser
Saft von 1/4 Zitrone

Für den Erdnuss-Dip:
40 g Erdnussbutter
2 EL Sesampaste
1 EL Sojasauce
2 EL Hanfprotein

So geht's:

Für den Erdnuss-Dip alle Zutaten in eine kleine Schüssel geben und gut verrühren. Für die Sommerrollen Karotte und Mango schälen und in dünne Streifen schneiden. Avocado halbieren, entkernen, Fruchtfleisch herauslösen und in einer Schüssel zerdrücken. Mit Himbeerpulver und Zitronensaft vermengen. In einer weiten Schüssel die Reispapierblätter ca. 20 Sekunden in lauwarmem Wasser einweichen. Die Avocado-Mischung mittig auf das Papier setzen und mit den Mango- und Karottenstreifen belegen. Das Reispapier von unten über die Füllung klappen, links und rechts die Seiten einklappen und von unten fest zurollen.

Portrait © Marisa Lia / Rezept © Annelina Waller

Kurkuma Bowl
mit Mango & Bananen

Diese ausgefallene Frühstücks Bowl
weckt neue Lebensgeister in dir.

Hallo, ich bin Anna

und setze mich als Mutter eines Kindes täglich mit der ausgewogenen, veganen und dennoch abwechslungsreichen Ernährung für meinen Zögling und natürlich auch für den Rest meiner Familie auseinander. Ich bin der festen Überzeugung, dass der menschliche Körper nicht so konzipiert ist, dass er nur durch den Verzehr tierischer Produkte oder gar des ganzen Tieres gesund und stark sein kann.

Anna E. Bauer | www.veganmom.de

Über mein Rezept:

Kurkuma stammt aus Indien und Südostasien und wird seit Jahrtausenden sowohl in der traditionellen chinesischen Medizin als auch im Ayurveda als Heilmittel eingesetzt. Die Wurzel wirkt entzündungshemmend, schmerzstillend und hilft dem Körper, Schwermetalle auszuleiten. Kurkuma fördert die Verdauung und wirkt sich positiv auf den Cholesterinspiegel aus.

HANGOVER, ENTSPANNT DEINEN BAUCH, IMMUNSTÄRKEND

KURKUMA BOWL MIT MANGO & BANANEN

(1 Person)

Du brauchst:

2 Bananen
1 Mango
150 g Sojajoghurt
80 ml Pflanzenmilch
1-1,5 cm Kurkumawurzel (alternativ 1-2 TL Kurkumapulver)
1 EL Feinstoff Agni Rise
Optional: Beeren zum Garnieren

So geht's:

Die Bananen zusammen mit Mango, Joghurt und Pflanzenmilch in einem Standmixer zu einer cremigen Masse verarbeiten. Die Kurkumawurzel vorsichtig schälen (bitte nicht auf Holz, färbt stark) und mit in den Standmixer geben. Alle Zutaten gut vermengen und in einer Schüssel hübsch dekorieren.

Kichererbsensalat

Der pflanzliche Proteinkick.

KICHERERBSENSALAT
(1 Glas)

Du brauchst:

250 g Kichererbsen, gegart
2 Stangen Sellerie
1 Apfel
3 Karotten
1 EL Hanfprotein
2-3 EL Senf
2 EL Zitronensaft
Salz und Pfeffer

So geht's:

Die gegarten Kichererbsen in einer Schüssel grob zerstampfen. Die geputzten Karotten und Selleriestangen möglichst klein häckseln, gerne auch den Standmixer bemühen. Die Gemüsekrümel gesellen sich zu den gestampften Kichererbsen. Der Apfel wird ebenfalls klein geschnitten und mischt sich unter das Kichergemüse. Für das Dressing Senf, Zitronensaft und Hanfprotein zu einer cremigen Masse verrühren. Mit Salz und Pfeffer abschmecken und unter den Kichererbsensalat heben.

Anna E. Bauer | www.veganmom.de

Über mein Rezept:

Kichererbsen liefern fast alles, was wir uns von einem Lebensmittel wünschen dürfen. Sie sind reich an Proteinen, Mineralstoffen und Spurenelementen, dazu kommt ein nicht unerheblicher Anteil an B-Vitaminen, Ballaststoffen und Folsäure, um nur ein paar der tollen Inhaltstoffe zu nennen. Kichererbsen lassen sich auf unterschiedlichste Weisen verarbeiten, süß wie salzig – ganz wie es euch gefällt.

PROTEIN, ENERGY, GUT FÜR DIE KNOCHEN

alle Bilder © Anna E. Bauer

Feinstöffliches Hummus Duo

Bringt Abwechslung und Farbe auf den Tisch.

Ich bin Amina,

20 Jahre, Bloggerin aus Tatenfreude. stellamina ist ein Ort, an dem ich hinterfrage, Antworten suche und an euch weitergebe. Meine Vision: "Living the most beautiful & purposeful life" mag nach einem großen Ziel klingen, bedeutet aber schlicht, Entscheidungen zu treffen, die eine positive Auswirkung auf unsere Umwelt und Umgebung haben. In meiner Küche wird stets mit frischen Zutaten gekocht, seit einiger Zeit lege ich großen Wert auf Zero-Waste. Zucker und Chemie haben bei mir keine Chance, denn ich brauche viel Platz für echten Geschmack ;)

Stellamina | www.stellamina.com

Über mein Rezept:

Hummus, eine feine Paste aus Kichererbsen und Tahina, hat in vielen Kulturen eine lange Tradition. Um den Hummus ayurvedisch zuzubereiten, ist es wichtig, getrocknete und biologische Kichererbsen zu verwenden, da sie die höchste und beste Nährwertdichte haben. Statt Olivenöl verwende ich Sesamöl. Die Kombination von grünem und rotem Hummus ist besonders spannend, die grüne Variante ist herzhaft, die rote Version hat eine süßliche Note.

PROTEIN, ENERGY, TO GO

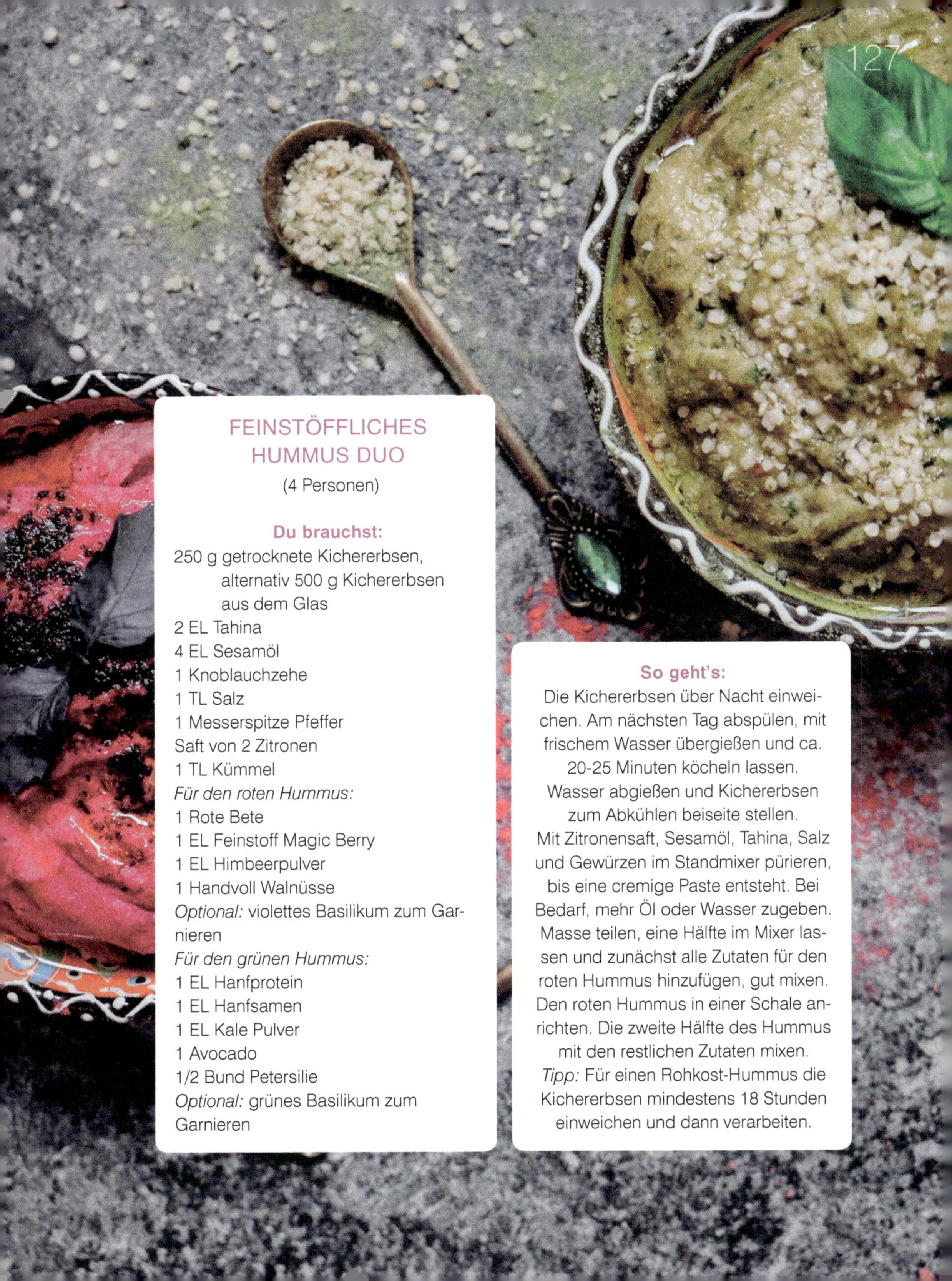

FEINSTÖFFLICHES HUMMUS DUO

(4 Personen)

Du brauchst:

250 g getrocknete Kichererbsen, alternativ 500 g Kichererbsen aus dem Glas
2 EL Tahina
4 EL Sesamöl
1 Knoblauchzehe
1 TL Salz
1 Messerspitze Pfeffer
Saft von 2 Zitronen
1 TL Kümmel

Für den roten Hummus:
1 Rote Bete
1 EL Feinstoff Magic Berry
1 EL Himbeerpulver
1 Handvoll Walnüsse
Optional: violettes Basilikum zum Garnieren

Für den grünen Hummus:
1 EL Hanfprotein
1 EL Hanfsamen
1 EL Kale Pulver
1 Avocado
1/2 Bund Petersilie
Optional: grünes Basilikum zum Garnieren

So geht's:

Die Kichererbsen über Nacht einweichen. Am nächsten Tag abspülen, mit frischem Wasser übergießen und ca. 20-25 Minuten köcheln lassen. Wasser abgießen und Kichererbsen zum Abkühlen beiseite stellen. Mit Zitronensaft, Sesamöl, Tahina, Salz und Gewürzen im Standmixer pürieren, bis eine cremige Paste entsteht. Bei Bedarf, mehr Öl oder Wasser zugeben. Masse teilen, eine Hälfte im Mixer lassen und zunächst alle Zutaten für den roten Hummus hinzufügen, gut mixen. Den roten Hummus in einer Schale anrichten. Die zweite Hälfte des Hummus mit den restlichen Zutaten mixen.
Tipp: Für einen Rohkost-Hummus die Kichererbsen mindestens 18 Stunden einweichen und dann verarbeiten.

Früchte im Kakaomantel mit Superfood Topping

Sinnlich süßer Snack mit wertvollen Mineralstoffen und Antioxidantien.

Über mein Rezept:

Wenn man an süßen Genuss im Sommer denkt, sind frische Früchte eines der ersten Bilder die entstehen. Kombiniert mit knackender Schokolade und exotischen Geschmäckern entsteht ein sinnlicher Snack. Kakaopulver in Rohkostqualität hat viele wertvolle Mineralstoffe und Antioxidantien, die uns glücklich machen, die Mentalkraft stärken und die Konzentrationsfähigkeit erhöhen. Das Rezept kann zu jeder Jahreszeit mit saisonalem Obst und verschiedenen Gewürzen, wie Vanille und Zimt, variiert werden.

Stellamina | www.stellamina.com

EINFACH SCHLEMMEN, GUTE LAUNE

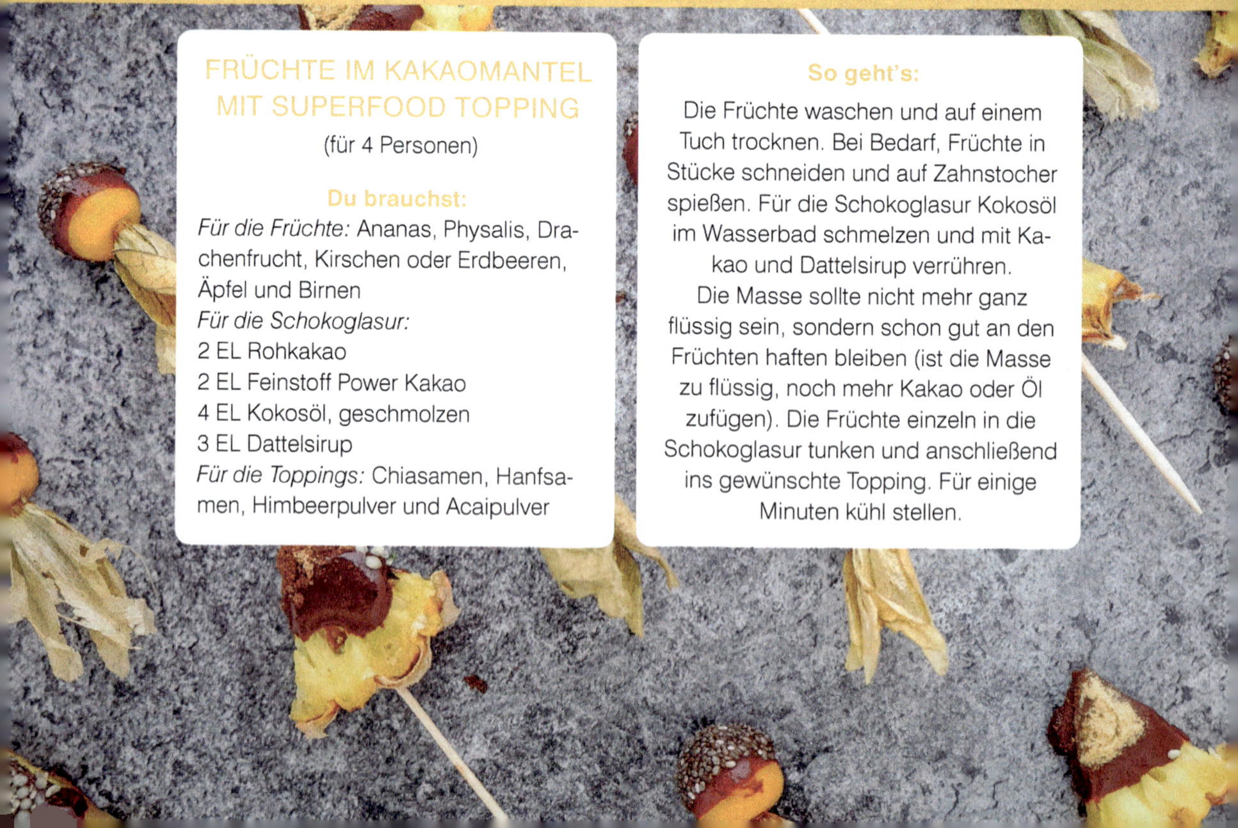

FRÜCHTE IM KAKAOMANTEL MIT SUPERFOOD TOPPING

(für 4 Personen)

Du brauchst:

Für die Früchte: Ananas, Physalis, Drachenfrucht, Kirschen oder Erdbeeren, Äpfel und Birnen
Für die Schokoglasur:
2 EL Rohkakao
2 EL Feinstoff Power Kakao
4 EL Kokosöl, geschmolzen
3 EL Dattelsirup
Für die Toppings: Chiasamen, Hanfsamen, Himbeerpulver und Acaipulver

So geht's:

Die Früchte waschen und auf einem Tuch trocknen. Bei Bedarf, Früchte in Stücke schneiden und auf Zahnstocher spießen. Für die Schokoglasur Kokosöl im Wasserbad schmelzen und mit Kakao und Dattelsirup verrühren.

Die Masse sollte nicht mehr ganz flüssig sein, sondern schon gut an den Früchten haften bleiben (ist die Masse zu flüssig, noch mehr Kakao oder Öl zufügen). Die Früchte einzeln in die Schokoglasur tunken und anschließend ins gewünschte Topping. Für einige Minuten kühl stellen.

Ayurvedische Gewürz Muffins

Weihnachtliches auf dem Frühstückstisch.

Über unser Rezept:

Diese Muffins vereinen alles, was du für einen guten Start in den Tag oder einen energiespendenden Snack für zwischendrin brauchst. Sie geben viel Energie und machen lange satt, sind dabei aber angenehm leicht und lassen sich auch am nächsten Tag noch wunderbar genießen.

Stellamina | www.stellamina.com

PROTEIN, GUTE LAUNE

AYURVEDISCHE GEWÜRZ MUFFINS

(9 Muffins)

Du brauchst:

250 g Haferflocken
2 TL Backpulver
1 TL Zimt
1 TL Kardamom
1 TL Vanille
2 reife Bananen
1 EL Bananenpulver
1 EL Chiaprotein
2 EL Chiasamen
3 EL Cranberries
3 EL Pekannüsse
1 Prise Salz
250 ml Hafermilch
80 ml Kokosöl

So geht's:

Backofen auf 180°C Ober- und Unterhitze vorheizen. Chiaprotein in 3 EL Wasser quellen lassen. Trockene Zutaten in eine Schüssel geben und vermengen. Bananen mit einer Gabel zerdrücken. Mit Hafermilch, Kokosöl und dem eingeweichten Chiaprotein verrühren und alles zu einem geschmeidigen Teig verarbeiten. In Muffinförmchen füllen und mit Cranberries und Pekannüssen bestreuen. Im Ofen 30 Minuten backen. Abkühlen lassen und ofenfrisch genießen.

Portrait © Ana S. Barros / Rezepte © Stellamina

Magic Power Balls

Der Energiesnack für alle Lebenslagen.

Hallo, wir sind Eva und Helena,

Schwestern aus Tirol und gemeinsam bloggen wir unter dem Pseudonym Sophisticated Sisters. Sophisticated, also anspruchsvoll, im Sinne von ethischer Bedachtheit und Umweltbewusstsein, aber auch in Hinblick auf die eigene Gesundheit. Aus diesem Grund sind Superfoods ein Teil unseres alltäglichen Lebens geworden und wir überlegen uns mit großer Leidenschaft immer wieder neue spannende Rezepte, die wir mit Superfoods aufpeppen können.

Eva und Helena | www.thesophisticatedsisters.com

Über unser Rezept:

Power Balls sind unserer Meinung nach DER Snack für zwischendurch und auch als nährstoffreiches Frühstück bestens geeignet – außerdem kann man prima variieren, welche Zutaten man hineinpacken möchte. Die kleinen Energiespender sind im Nu fertig, hineinkommt worauf wir gerade Lust haben – meistens Nüsse, Superfood-Pulver und getrocknete Früchte. Besonders gerne verwenden wir Superfood-Beerenmischungen mit Acai und Hagebutte, die, vollgepackt mit Antioxidantien und Vitaminen, unsere Abwehrkräfte stärken.

ENERGY, SPORT, TO GO

MAGIC POWER BALLS

(15 Power Balls)

Du brauchst:

100 g Datteln
60 g Cashewkerne
60 g Mandelkerne
100 g Beerenmixtur, z.B.: Goji Beeren, Sultaninen, Physalis, Cranberries
Etwas Wasser zum Binden
20 g Feinstoff Magic Berry
Für die Hülle: Feinstoff Power Kakao, Kokosflocken und Feinstoff Magic Berry

So geht's:

Mandeln und Cashewkerne im Standmixer zerkleinern. In eine große Schüssel umfüllen. Datteln ebenfalls im Mixer zerkleinern. Alle Zutaten gut miteinander vermengen. Bei Bedarf etwas Wasser hinzufügen, um die Masse formbarer zu machen. Zu Kügelchen rollen und in Kokosflocken oder Kakaopulver wälzen. Im Kühlschrank sind die Power Balls mehrere Tage haltbar.

Limetten-Avocado Tartelettes

Der Brunch- und Partysnack.

Tartelettes sind der Hit auf jeder Party – mundgerechte Häppchen, denen man mit hochwertigen Zutaten ganz einfach eine individuelle Note verleihen kann. Die in Avocado enthaltenen gesunden Fette etwa oder die energiespendende Mischung aus Kakao und Hanfprotein – Superfoods geben den leckeren Törtchen das gewisse Etwas.

Eva und Helena | www.thesophisticatedsisters.com

EINFACH SCHLEMMEN, GEMEINSAM ESSEN, SCHMECKT EINFACH GUT

LIMETTEN-AVOCADO TARTELETTES

(für 8 Tartelette-Formen)

Du brauchst:

90 g Mandelmehl
175 g Birkenzucker
75 ml Sojamilch
125 ml Mineralwasser mit Kohlensäure
1 Pkg. Backpulver
30 g Feinstoff Power Kakao
1 Handvoll getrocknete Datteln
1 Prise Salz
Etwas Vanillearoma
200 g vegane Kuvertüre

So geht's:

Backofen auf 160°C vorheizen.
Zu Beginn die Kuvertüre mit einer Raspel zerkleinern und die Datteln in kleine Stücke schneiden. Zucker, Kakao, Mehl, Backpulver und Salz in einer Schüssel vermischen. Milch und Mineralwasser verrühren, nach und nach mit einem elektrischen Handmixer in die trockenen Zutaten mengen. Etwas Vanillearoma zufügen und so lange mixen, bis ein glatter Teig entsteht. Schokoraspeln und Dattelstücke zugeben und gut vermischen. Die gefetteten und bemehlten Tartelette-Förmchen mit dem Teig befüllen und ca. 20 Minuten backen. Mit einer Stäbchenprobe kontrollieren, ob die Tartelettes schon fertig gebacken sind. Nach dem Herausnehmen auskühlen lassen.
Tipp: Wer die Tartelettes etwas „fudgy" möchte, nimmt sie heraus, wenn noch eine kleine Menge Teig am Stäbchen haften bleibt.

Creme für Tartelettes

LIMETTEN-AVOCADO CREME

Du brauchst:

1 Avocado
1 kleine Limette
175 g Sojajoghurt
25 g Birkenzucker
90 ml Sojacreme

So geht's:

Die Avocado halbieren, mit einem Löffel das Innere von der Schale lösen und in Würfel schneiden. Limette auspressen und eine kleine Menge von der Schale abreiben. Avocadostücke mit dem Limettensaft, Zucker und etwas Joghurt fein pürieren. Restliches Joghurt zufügen und gut vermengen. Die Sojacreme steif schlagen und unter die Masse heben. 10 Minuten im Kühlschrank kühlen. Mit einem Spritzbeutel oder einem Messer auf den Tartelettes verteilen und mit Limettenspalten garnieren.

alle Bilder © www.thesophisticatedsisters.com

Weiße Beeren Schokolade

Alles außer Zucker.

Hallo, ich bin Eva,

Ernährungscoach, Pilatestrainerin, Bloggerin auf Individualisten und Co-Founder der gesunden Event-Plattform Under der Walnut Tree. Wissen ist für mich einer der wichtigsten Bausteine für einen „anders.esser". Was das heißt, zeige ich euch auf meinem Blog. Künstlich hinzugefügter Zucker und Inhaltsstoffe, die ich nicht aussprechen kann, haben hier keinen Platz. Ich will Menschen von gesunden Alternativen überzeugen und sie mit tollen Rezepten inspirieren.

Eva Schwaighofer | www.individualisten.at

SCHMECKT EINFACH GUT

WEISSE BEEREN SCHOKOLADE

(1 Glas)

Du brauchst:

50 g Kakaobutter
2 EL Kokosmus
1 Handvoll Beeren
1 EL Ahornsirup
1 EL Feinstoff Magic Berry
Prise Salz
Prise Vanillepulver

So geht's:

Kakaobutter im Wasserbad schmelzen und mit den restlichen Zutaten vermischen. In Förmchen füllen und für rund 30 Minuten kalt stellen.

Maca Süßkartoffelmus

Mit der Kraft aus den Anden.

RELAXED DICH, STÄRKT DIE NERVEN, GUTE LAUNE

MACA SÜSSKARTOFFELMUS

(1 Glas)

Du brauchst:

250 g Süßkartoffeln, geschält
100 ml Wasser
1 EL Kokosöl
Prise Zimt
700 ml Hafermilch
3 TL Agar Agar
3 EL Ahornsirup
1 TL Vanillepulver
2 EL Chiasamen
1 EL Macapulver
Toppings: Nuss-Granola, Rohkakao, Kokosöl und Zimt

So geht's:

Die Süßkartoffeln in kleine Würfel schneiden und in der Pfanne mit etwas Kokosöl und Wasser köcheln lassen, bis die Stücke weich sind und das Wasser verdunstet ist. Kartoffeln im Standmixer mit Hafermilch und Agar Agar fein pürieren und noch einmal kurz aufkochen lassen. Vom Herd nehmen und restliche Zutaten untermischen. In Gläser füllen, kaltstellen und mit Nuss-Granola, Rohkakao, Kokosöl und Zimt toppen.

alle Bilder © Eva Schwaighofer

Vanille-Cashewcreme

Die süße Versuchung am Morgen.

Hi, mein Name ist Bianca,
ich bin 26 Jahre jung, Fitnesstrainerin und Ernährungsexpertin. Auf meinem Blog dreht sich alles um Food, Fitness und Fashion. Besonders wichtig sind mir eine gesunde Ernährung sowie hochwertige Lebensmittel.

Bianca Zapatka | www.biancazapatka.wordpress.com

VANILLE-CASHEWCREME

(1 Glas)

Du brauchst:

1 Tasse Cashewkerne, nach Belieben auch andere Nüsse
1 Tasse Pflanzenmilch nach Wahl, z.B.Sojamilch, Mandelmilch oder Kokosmilch
Agavendicksaft, nach Geschmack
1 Prise Vanille
1 EL Chiaprotein
Toppings: frische Beeren und Kirschen

So geht's:

Cashewkerne mit Wasser bedecken und ca. 2-3 Stunden oder über Nacht einweichen. Wasser abgießen und die Nüsse mit Pflanzenmilch, Vanille, Chiaprotein und Agavendicksaft im Standmixer cremig pürieren. Wenn die Masse zu dickflüssig ist, noch etwas Wasser oder Milch zugeben. Creme in ein Glas füllen und mit den Früchten servieren.

MONTAGMORGEN, SPORT, TO GO

alle Bilder © Bianca Zapatka

Wie du mit einfachen Morgenritualen das Beste aus deinem Tag machst

Ayurveda beschäftigt sich mit Körper und Geist gleichermaßen. Erinnern wir uns: Am Anfang wurde uns nicht nur ein gesunder und zufriedener Körper, sondern auch das höchste Bewusstsein versprochen. Aber halt: Vielleicht glaubst du gar nicht an so etwas. Oder du hältst das für unnötigen esoterischen Schnickschnack? Keine Angst, wir können dich beruhigen. Du musst dafür an nichts glauben, es hat auch nichts mit Esoterik zu tun. Betrachte es als wissenschaftliche Herangehensweise. Wissenschaft bedeutet, eine These aufzustellen, zu experimentieren, zu beobachten und die eigenen Rückschlüsse daraus zu ziehen.

Die These ist, dass mit bestimmten Übungen gewisse Bereiche deines Gehirns aktiviert werden, die zuvor inaktiv waren. Die positiven Wirkungen sind mannigfaltig: Du wirst achtsamer und geduldiger, negative Emotionen lösen sich auf, du entwickelst ein heiteres Gemüt auch in schwierigen Situationen, du bist weniger anfällig für Stress, dein Gedächtnis verbessert sich, du kannst dich besser konzentrieren und möglicherweise noch vieles mehr.

Soweit die Theorie, jetzt liegt es an dir, zu experimentieren und zu beobachten, ob sich durch die folgenden Übungen etwas für dich verändert.

Fokus Übung

Die Natur des Geistes ist es, rastlos zu sein. Gedanken springen oft willkürlich hin und her, man denkt sogar viele Dinge gleichzeitig ohne es zu merken. Um ein Ziel zu erreichen – welches auch immer – ist es jedoch notwendig, fokussiert zu bleiben. Das beginnt damit, die Gedanken zu beruhigen und zu lenken, um sie auf ein bestimmtes Ziel richten zu können. Diese Übung hilft dir genau dabei. Sie ist besonders am Morgen aber auch abends empfehlenswert, um die Gedanken neu auszurichten.

- Nimm ein Blatt Papier und male darauf einen großen schwarzen Punkt.
- Befestige diesen Punkt in Augenhöhe vor dir und setze dich aufrecht davor.
- Stelle dir einen Wecker auf 10 Minuten.
- Betrachte den Punkt solange du kannst – ohne zu blinzeln.
- Wenn es nicht mehr geht, schließe die Augen und betrachte den Punkt vor deinem inneren Auge.
- Atme tief und ruhig, fokussiere dabei den Punkt vor deinem inneren Auge.
- Wenn Gedanken aufkommen, kehre immer wieder zu dem Punkt zurück. Ärgere dich nicht, wenn du abschweifst. Das ist ganz normal, mach einfach weiter.
- Wenn der Punkt vor deinem inneren Auge schwächer wird, öffne die Augen und betrachte wieder das Blatt vor dir.
- Diese Übung wird mit jedem Mal einfacher und hilft dir, deine Konzentration zu stärken.
- Du kannst diese Übung auch sehr effektiv mit einer Kerze durchführen.
- Ein Tipp: Zu Beginn kann es sein, dass die Gedanken durch diese Übung sogar mehr werden, an--statt weniger. In Wirklichkeit aber wirst du zum Beobachter – fällt dir auf, was in deinem Kopf so alles abgeht? Bleib einfach fokussiert, und es wird bald Ruhe einkehren.

Die yogische Wechselatmung

Die Wechselatmung ist eine der machtvollsten Übungen. Sie synchronisiert deine beiden Gehirnhälften und hilft dir, in Windeseile dein Gleichgewicht zu finden. Und das auf allen Ebenen, geistig, emotional und sogar körperlich.

- Setze dich aufrecht in eine angenehme Sitzposition und schließe die Augen.
- Atme ruhig und gleichmäßig aus und verschließe mit deinem rechten Daumen dein rechtes Nasenloch.
- Atme ruhig und vollständig durch das linke Nasenloch ein und zähle dabei bis fünf.
- Schließe nun mit deinem rechten Ringfinger dein linkes Nasenloch, löse den Daumen und atme langsam und geräuschlos durch das rechte Nasenloch aus, zähle dabei bis zehn.
- Dann atmest du im gleichen Rhythmus durch das rechte Nasenloch ein und durch das linke Nasenloch wieder aus.
- Wenn du möchtest, kannst du nach dem Einatmen kurz die Luft anhalten.
- Wiederhole die Übung 6-12-mal.
- Lass am Ende die Augen noch geschlossen, atme ruhig weiter und beobachte, wie es dir geht.

Mantra für den Tag

Ein Mantra oder eine Affirmation ist ein Gedanke, der dich in eine positive Schwingung versetzt. Die Idee dahinter ist, dass unsere Gedanken die Wirklichkeit erschaffen. Daher haben wir die Möglichkeit, mit Mantren und Affirmationen unsere Realität selbst zu gestalten.

Welches Mantra oder welche Affirmation soll man verwenden?

Eine Variante ist es, ein bestehendes und erprobtes Mantra aus einer religiösen Tradition, die

dir sympathisch ist, zu verwenden. Eines der populärsten Mantren ist das bekannte „OM". Das können wir aus eigener Erfahrung empfehlen.
Wenn das nicht so dein Ding ist, kannst du dir auch dein eigenes Mantra basteln. Überlege dir einfach einen Zustand, den du erreichen möchtest. Beschreibe diesen in einer positiven Form und in der Gegenwart, so als wäre dieser schon eingetreten. Zum Beispiel: „Ich bin gesund und glücklich" oder „Ich bin erfolgreich".
Es ist wichtig, dass dein Mantra positiv formuliert ist. Der Satz: „Ich möchte nicht mehr krank sein" würde nicht funktionieren. Hier steht der negative Aspekt im Vordergrund. Der Kopf funktioniert in Bildern, und es ist wichtig, immer das Ziel vor Augen zu haben, und nicht den Zustand, von dem du dich verabschieden möchtest.
Du hast keine Ziele? Dann sei dankbar. „Danke" ist eines der stärksten Mantren überhaupt. Es gibt sogar wissenschaftliche Forschungen dazu, wie der Zustand der Dankbarkeit den Körper und den Geist zum Positiven verändern kann. Lächle, sag danke und beobachte so oft du kannst, was dich glücklich und dankbar macht.
Wie soll das Mantra nun angewendet werden? Ein Mantra inmitten des alltäglichen Gedankenstrudels hat wenig Macht. Ein Mantra in einem ruhigen Geist kann jedoch Wunder bewirken und alles verändern. Es empfiehlt sich daher, zuerst den Geist zu beruhigen, beispielsweise mit den vorgestellten Fokus- oder Atemübungen. Wenn dein Geist ruhig ist, kannst du das Mantra singen, sprechen, flüstern, denken oder es dir bildlich vorstellen. Hier gibt es keine Grenzen. Sei ein Wissenschaftler: Experimentiere, beobachte und reflektiere wie sich dein Leben zum Positiven verändert.

Fokuspunkt: Zum Ausschneiden und Fokussieren.

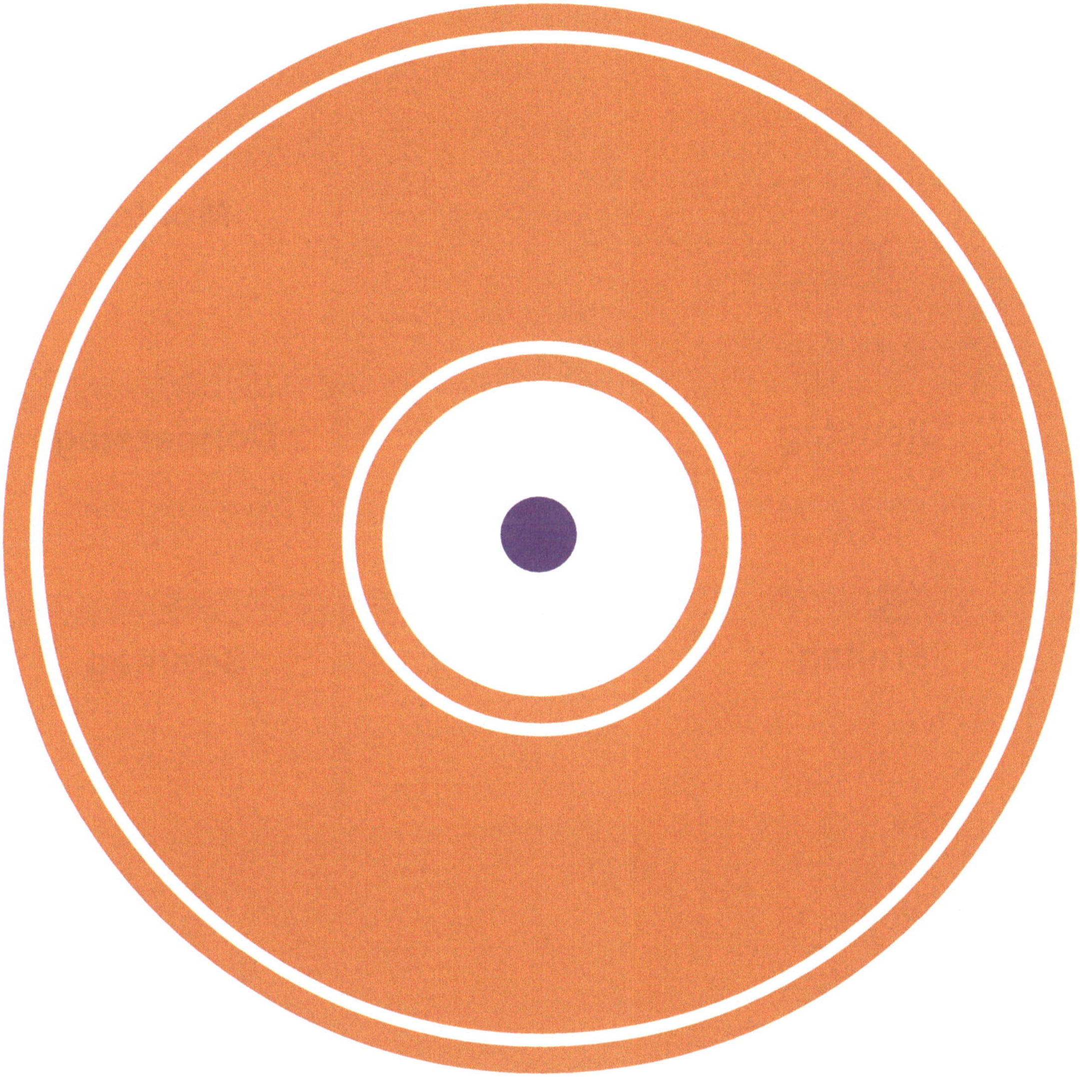

Frühstücksplan

Morgenmensch
Variante 1

Du möchtest deinen Körper entlasten und sanft entschlacken?

Probier's mal mit unseren grünen Smoothies, die dich mit vielen Vitalstoffen versorgen, deinen Körper beim Abbau von Giftstoffen unterstützen und dich optimal auf den neuen Tag einstimmen. Zusätzlich solltest du jeden Morgen 1 Glas heißes Wasser gleich nach dem Aufstehen trinken, damit spülst du alle Ablagerungen des Vortages einfach weg.

Montag

Detox Shot
(S.37)

Dienstag

Green Power Smoothie
(S.32)

Mittwoch

Grüner Superfood Smoothie mit Gerstengras
(S.42)

Donnerstag

Wachmacher Smoothie
(S.30)

Freitag

Very Green Smoothie Bowl
(S.78)

Samstag

Green Power Smoothie
(S.32)

Sonntag

Detox Shot
(S.37)

Morgen-mensch
Variante 2

Du benötigst mehr Kraft und möchtest deine Konzentration erhöhen?

Probier's mal mit unseren cremigen Smoothies und Chiapuddings, für den pikanten Gusto stecken auch im Grünen Kraftaufstrich und in den Quinoa-Makis viele Mineralien, Proteine und Ballaststoffe. Die Samen, Nüsse, Datteln und wertvollen Öle liefern dir lange anhaltende Energie ohne deinen Magen zu beschweren, das erhöht deine Konzentration und Belastbarkeit.

Montag

Dattel Mandel Energydrink
(S.38)

Dienstag

Morning Glory Energieriegel
(S.84)

Mittwoch

Berry Coconut Chiapudding
(S.46)

Donnerstag

Grüner Kraftaufstrich
(S.70)

Freitag

Chai Smoothie Bowl
(S.86)

Samstag

Beauty Kakao
(S.36)

Sonntag

Quinoa-Makis
mit Birne & Lauch
(S.109)

Frühstücksplan

Morgen-mensch
Variante 3

Du hast morgens wenig Zeit zum Frühstücken?

Probier's mal mit unseren cleveren Superfood-Frühstücksideen to go, die du ganz einfach am Abend zuvor zubereiten kannst. Fruchtiges mit Chiasamen oder würzige Aufstriche mit Hanfsamen und Kichererbsen sowie schnelle Rezepte mit cremigen Avocados eignen sich hervorragend für ein stärkendes Frühstückspaket zum Mitnehmen.

Montag

Himbeer Chiapudding
(S.48)

Dienstag

Hanfaufstrich
(S.74)

Mittwoch

Superfood-Sandwiches mit Guacamole & Birnen
(S.108)

Donnerstag

Ayurvedische Gewürz Muffins
(S.129)

Freitag

Grünes Pesto mit Kale
(S.118)

Samstag

Avoghurt
(S.103)

Sonntag

Relax! und bereite dir einen leckeren Kichererbsensalat zu
(S.124)

Morgen-mensch
Variante 4

Du wachst morgens schon mit Heißhunger auf und kannst das Frühstück kaum erwarten?

Probier's mal mit einem Superfood-Frühstück, das ganz ohne raffinierten Zucker und weißes Weizenmehl auskommt. Damit wird deine Verdauung nicht belastet, dein Frühstück hält dich lange satt und liefert dir trotzdem den nötigen Kraftstoff für den Tag. Im Winter macht ein wärmender Porridge satt und zufrieden.

Montag

Pink Porridge
(S.60)

Dienstag

Power Kakao Quinoaporridge
(S.52)

Mittwoch

Himbeer Chiapudding
(S.48)

Donnerstag

Wake-me-up Green Bowl mit Protein Granola
(S.80)

Freitag

Kokosomelette mit Gemüsefüllung
(S.104)

Samstag

Sweet Hummus mit Feigen & Dattelmus
(S.66)

Sonntag

Dinkel-Wraps mit gegrillten Tofustreifen & Acai-Hummus
(S.110)

Superfood Index

Ayurvedische Superfood-Mischungen

Superfood-Mischungen

Autorenverzeichnis

Anna E. Bauer – www.veganmom.de / Anna Jäger – www.instagram.com/_veganna_ / Annelina Waller – www.foodwithoutregrets.com / Bianca-Olivia K. – www.biancaolivia.com / Bianca Zapatka – https://biancazapatka.wordpress.com / Barbara Sattler – www.mintnmelon.com / Christina Rechtberger – www.theblondebird.com / Danja Lutz – www.soulshakti.at / Dominik Berger – www.healthyrockstar.com / Elena B. – www.trainhard-eatwell.com / Eva & Helena – www.thesophisticatedsisters.com / Eva Schwaighofer – www.individualisten.at / Jessica Lerchenmüller – www.vollmundig.org / Julia Grytzik – www.instagram.com/clean_body_ / Ju Yogi – www.juyogi.com / Kai Nora Fuis – www.instagram.com/knfx / www.elephantsarevegan.tumblr.com / Katharina Job – www.kathiescloud.com / Katharina Kothgasser – curlsnchard.com / Laura Herde – www.instagram.com/eco_not_ego / Lisa Fenger – www.ayurveda-schatztruhe.de / Lisa Kirchgatterer – www.thegreenbowl.at / Mia Sabathy – www.lessharm.at / Maren Dresen – www.instagram.com/eatlivevegan / Margarita Kirchner – www.urbanfreemind.com / Martina Wastl – www.prana-kitchen.wordpress.com / Maxi Marie Peters – breezybalance.com / Nives Gobo – www.bloomharmony.com / Sonja Winkler – www.gingerinthebasement.at / Stellamina – www.stellamina.com / Valentinaballerina – www.valentinaballerina.com / Viktoria Scharer – www.bowsessed.com / Zoe Raissakis – www.wildblend.co

Rezept Register

Team

Verena ist diplomierte Ayurveda Therapeutin und beschäftigt sich seit Jahren mit Nahrungsmitteln und deren Wirkung. Sie ist der kreative Kopf hinter Feinstoff und hat mit ihrem Wissensschatz die Basis für dieses Buch geliefert.

Verena Bernhard
Ayurveda Therapeutin, Gründerin und Geschäftsführerin Feinstoff

Matthias ist Mitgründer von Feinstoff und beschäftigt sich intensiv mit den unterschiedlichen Herstellungsweisen, Anwendungsmöglichkeiten und Wirkungen von Superfoods.

Matthias Schodits
Gründer und Geschäftsführer Feinstoff

Margarita, selbst Bloggerin und Autorin, hat für den inhaltlichen Feinschliff gesorgt und die Koordinierung mit den Autoren und die Auswahl der Rezepte betreut.

Margarita Kirchner
Editorin und Projektmanagerin

Ursula hat mit ihrem Gespür für kreative Fitness-, Food- & -Lifestyleblogs eine feine Auswahl leidenschaftlicher Blogger zusammengestellt und an den gemeinsamen Tisch gebracht.

Ursula Melchhammer
Marketing und PR Managerin